上海闵行地方文史丛书

（第二辑）

七宝史话

QIBAO SHIHUA

张乃清 著

中西書局

图书在版编目(CIP)数据

七宝史话/张乃清著. —上海：中西书局,2023
（上海闵行地方文史丛书. 第二辑）
ISBN 978-7-5475-2121-2

Ⅰ. ①七… Ⅱ. ①张… Ⅲ. ①乡镇—地方史—闵行区
Ⅳ. ①K295.15

中国国家版本馆 CIP 数据核字 (2023) 第 094634 号

七宝史话
张乃清 著

责任编辑	刘 博
封面设计	梁业礼
责任印制	朱人杰
出版发行	上海世纪出版集团 中西書局（www.zxpress.com.cn）
地 址	上海市闵行区号景路 159 弄 B 座(邮政编码：201101)
印 刷	常熟市人民印刷有限公司
开 本	700 毫米 ×1000 毫米 1/16
印 张	14.75
字 数	211 000
版 次	2023 年 6 月第 1 版 2023 年 6 月第 1 次印刷
书 号	ISBN 978-7-5475-2121-2 / K·340
定 价	88.00 元

前言

Preface

宋代初，七宝寺迁入华亭县三十五保地界，古镇因寺而生，得名“七宝”。明正德十三年（1518），徐寿不惜耗尽家财，与好友张勋一起募资建造蒲汇塘桥，将塘北与塘南的街市连成一片，古镇依水而兴。万历《青浦县志》称七宝镇“居民繁庶，商贾骈集，文儒辈出，盖邑之巨镇”。

这里自古地处三县交界，商贾骈集，镇民大多重商，沿街无家不店。老街上既有本地农产、南北杂货交易，又有酒肆茶楼、银楼典当待客，农户、士人与商家穿插其间，寺庙、学堂与店铺共享繁荣。

明代，七宝镇上拥有进士 11 人，举人 16 人，形成徐氏、张氏、金氏、黄氏、王氏等望族，名士辈出，声名远扬。尤其是徐寿之孙徐三重（字伯同，号鸿洲）操行端洁，潜心钻研人心世道，被称作“江南大儒”。徐氏家风儒雅，超脱尘世，仗义守正，热衷公益，对本地民风产生重大影响。因此，“士习诗书，农勤耕织，百工商贾，各务本业，安分守己”。“俗尚诗书，人知敬长。子弟误入下流，为父兄者率能训诫。镇小民贫，无土豪把持乡曲。而居市廛者但知利己，猜忌随之，故不甚相协”。

清乾隆年间，七宝老镇周边的塘湾里（后称顾家塘）、朱家巷、蒋家塘、许家塘、吴家堂、阮家厍，先后建成 6 个天主教宗教活动场所，成为上海最早的天主堂集聚地，华洋交集，中西碰撞，海派文化随之流行，社会转型领风气之先。可惜，自咸丰十年 (1860) 10 月起，太平军与乡团、清兵、外国洋枪队在七宝地区展开拉锯式交战，以至七宝教寺和大量明清建筑遭毁，古镇满目疮痍，元气大伤。同治三年（1864），七宝人合力重修蒲汇塘桥，七宝圣母天主堂替代昔日七宝教寺的繁荣，古镇重新焕发出生机。

二十世纪三四十年代，七宝“一镇三治”的社会环境，给本地区“红色文化”的生成和发展提供了有利条件。1932 年秋，七宝地区第一个中共地下党支部在明强小学正式成立。此后吸纳众多中共地下党员，使其成为红色堡垒，意义非凡。1949 年 5 月，中国人民解放军激战三昼夜，终于攻克七宝地区敌军防线，打开了上海城区的西大门，大踏步向“大上海”进军。七宝古镇真正回到了人民手中，一个崭新的时代从此开始。

古镇七宝历经沧桑，历代七宝人在不懈奋斗过程中，所积淀的江南文化、海派文化、红色文化遗产极为丰厚，是今人建设中国特色社会主义现代化新家园的精神动力和宝贵资源。赓续历史文脉，坚定文化自信，守护城市灵魂，展现时代风貌，是今人以高质量发展推进现代化建设，实现民族复兴和国家强盛的重大课题。

今日七宝镇奋楫扬帆启新程，全力推动经济发展提速、城市品质提升、民生服务提质，持续打造“经济强镇、文化大镇、教育重镇、宜居新镇”，将七宝建设成为充满创新活力、人文气息浓郁、功能品质卓越的中国特色社会主义现代化名镇。古镇七宝千年不衰，风华更茂，前程无限美好。

目录

Contents

第二章

老街海派味

第三章

七宝风云录

附录

第一章　古镇江南韵

蒲汇塘畔

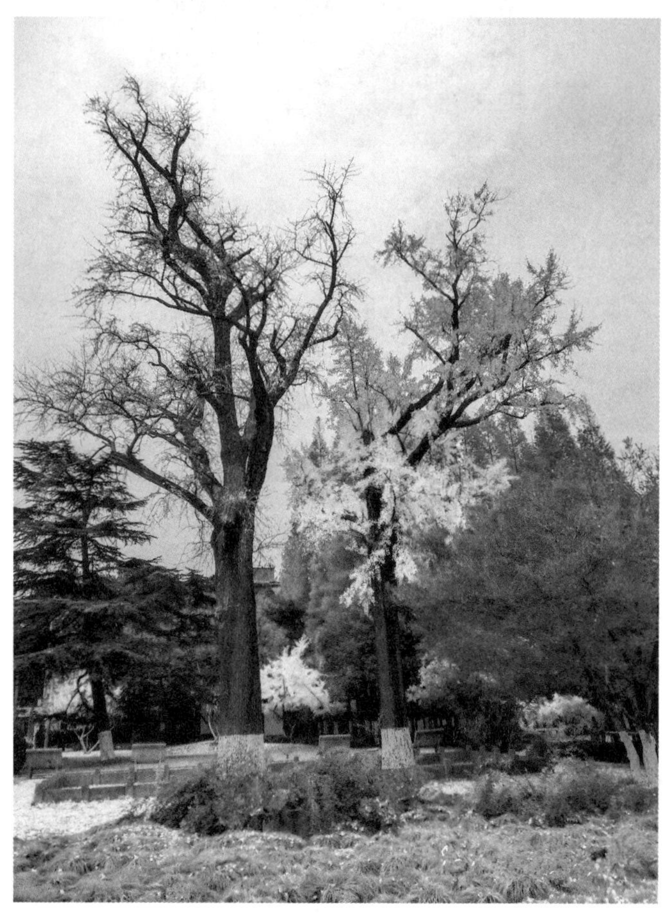

古银杏树

蒲溪东流，七宝寺落地

潺潺东流蒲汇塘

江南古镇七宝位于蒲汇塘中段，竹冈和横沥泾之间。七宝的兴衰与蒲汇塘密切相关。

自古以来，蒲汇塘（又名蒲肇河）东西向横贯大地，上溯太湖，接松江九峰之秀，西受盘龙、泗泾、横泖诸水，过沙冈、竹冈、横沥诸水，在七宝镇东突然北折，再潺潺东流，分道南经龙华港或东接肇家浜进入黄浦江，通大海之潮。

七宝地区，地处古冈身之上，三千多年前已经成陆。蒲汇塘潺潺东流，至少已有两千多年了。

蒲汇塘的河滩上独多香蒲草。香蒲，俗称“蒲草”，属水生或沼生多年草本植物。植株高大，叶片狭长，花穗上部生雄花，下部生雌花，密集成棒状，人称“水蜡烛”。蒲草是水生经济植物，幼叶基部和根状茎先端可做蔬食；叶片用于编织蒲包、蒲席、扇等；“水蜡烛”可做枕芯和坐垫的填充物。因此，七宝乡人喜欢香蒲，将“蒲溪”作为古镇雅称。

明代时，蒲汇塘水面宽四十七米，深七米，是官府漕运的东西纬河主干道，过往船只日流量达上千条。七宝镇随之得益良多，尽享舟楫之利，形成繁荣市面，名扬江南。然而，自然生态持续变化，社会动荡不可抗拒，蒲汇塘也历经沧桑，河道越来越窄，到清康熙年间水面仅宽二十五米，深五米。七宝镇随之兴衰起伏，命运坎坷。

历代七宝乡人守望家园，奋斗不懈。自南宋淳熙二年（1175）起，蒲汇塘一再淤塞，先后疏浚过至少三十六次。一部蒲汇塘水利史饱含沧桑，也见证了七宝古镇的兴衰和七宝乡人的情怀。

七宝教寺由来

古镇七宝因七宝教寺而得名。这座寺庙几经易名，其寺名的由来一波三折。

七宝寺始建于五代十国后晋天福年间（937—944），初名“福寿祠”，原位于凤凰山之西、厍公山之北的陆宝山，相传本为松江陆机、陆云家族香火祠，俗称“陆宝庵”。

因陆宝山山体多土少石，土质很好，吸引当地百姓竞相取土，最终被夷为平地。唐代末，福寿祠只得迁至吴淞江畔。

五代时，吴越王钱镠（852—932）曾驻跸福寿祠。佛教有金、银、琥珀、珊瑚、砗磲、琉璃、玛瑙七宝，为珠宝灵物。陆宝庵谐音“六宝”，吴越王赐王妃用金粉手书的《妙法莲花经》，并称“此亦一宝也”。随行的吴妃道：“七宝善缘，得三宝而国泰，得七宝而民安，此乃陆宝的佛缘，菩萨的慈悲，大王的洪恩，吴越黎民的福缘也。”吴妃花了五年时间，用金粉正楷在蓝色绡纸上书写《佛说观普贤菩萨行法经》，笔力遒劲，娟秀自然，有唐楷遗韵。因以金粉莲花作句逗，故又名《金字莲花经》。福寿院获此宝物，遂改名为“七宝寺”。

后来，因吴淞江潮水损坏寺基和吴淞江改道，七宝寺又三度搬迁。

宋代初，七宝寺迁入华亭县三十五保地界，选中蒲汇塘北、横沥港西为新址。时有里人张泽舍宅拓寺，寺僧与信众合力重建。

北宋大中祥符元年（1008），宋真宗赐额“七宝教寺”，其所在地因寺得名为“七宝”，七宝镇应运而生。

元末明初的七宝教寺

北宋大中祥符三年（1010），七宝教寺进行了大规模拓建。在大殿四周，建有画桥、石径、花堤、烟柳，僧舍隐于苍松翠竹之间，寺外万树丛

荫，别有洞天。二十世纪五十年代，考古工作者在教寺旧址所发现的大柱础直径有九十厘米，可见当年大殿内的柱子有多粗大。

元代的七宝教寺，为江南“丛林名刹”。时有名士赵孟頫（1254—1322，字子昂）撰《七宝寺》诗云：

探奇来宝地，名刹冠丛林。
院设机云代，经描吴越金。
霜钟清警鹤，池竹绿浮琴。
投绶堪元论，桃源莫浪寻。

元末明初，七宝教寺曾有位著名僧人敬公，常年在寺内诵经，座榻皆被其坐穿。还经常为寺僧们讲经，人皆呼其为“敬讲主”。他善作诗词，有《青松集》行世。

明洪武年间（1368—1398），周边一寺十庵并入后，七宝教寺共计土地约三万五千三百平方米，寺河约三千三百平方米，遂有“郡东第一刹”之称。朝廷召集天下高僧，敬公亦应召赴京。当时，松江城内已告老还乡的监察御史袁凯（字景文，号海叟，元末明初奉贤陶宅人）特赠《送七宝寺僧敬公往金陵》诗一首，诗云：

雨歇邮亭暑气微，溪头四牡正騑騑。
云遮幢盖应争美，日映袈裟倍有辉。
护法试从金刹讲，晴空拟见宝花飞。
遥知十院多清暇，随处行吟对夕晖。

明永乐七年（1409）九月，七宝教寺住持僧博洽主持铸建铜钟（俗称“汆来钟”），兴建钟楼。

现存铜钟上残留的铭文中，尚有“明七宝教寺僧……敬公讲主”等字可辨，让后人似见其当年的身影。

成化十九年（1483），七宝教寺建大寺殿。

“七件宝”传说

自古相传，“七宝有七件宝”，民间流传的说法是指《金字妙法莲花经》、飞来佛、汆来钟、梓树、金鸡、玉筷、玉斧。

《金字妙法莲花经》

这七件宝物中颇为神奇的金鸡、玉筷、玉斧，其实有迹无踪，有名无实。虽然仅是美丽的传说，但是人们仍然深信不疑，历代相传。

《金字妙法莲花经》和梓树、汆来钟、飞来佛等“四件宝”确有实物，并幸存至今。

《金字妙法莲花经》经历了千年风云，几度陷入危机，今仅存残经数页，由上海历史博物馆收藏。

梓树在七宝教寺莲涌堂前，栽于元代，人称“元代古梓树”。这棵梓树树貌奇特，一枝翘天如龙爪状，冠幅开展，叶大荫浓，春夏黄花满树，秋冬荚果悬挂，被人们称作“神树”。民间一度不知梓树栽种的真实年代，曾

相传，三国东吴名将周瑜（字公瑾）当年奉命东征，在吴中东三百里处遇险，幸获一位梓树道人相救。当时，道人以药汁治其箭伤，还以鹤子化为骏马，赠与周瑜。那药汁便取自于这棵古梓树，那骏马也曾拴于树身。

余来钟和飞来佛之说，是好事者对明永乐七年（1409）七宝教寺住持僧博洽主持铸建铜钟一事、万历二十三年（1595）徐泮与信众合力铁铸如来佛像一事的别传，以示神奇。由此可见，“七件宝”的传说始于明万历年之后。

北镇街市

七宝教寺位于北镇，属华亭县三十五保。宋初时，随着教寺香火日旺，人流增多，山门前的集市略具规模。元末明初，集市逐步向南拓展到蒲汇塘畔，形成南北向一条街，人称“七宝北镇”。

元至元十四年（1277），七宝镇区属华亭县，次年改为松江府。

元至元二十九年（1292），松江府立上海县。七宝北镇仍属华亭县，而东面横沥河以东属上海县。

大德年间（1297—1307），北大街连接，七宝教寺山门初展繁荣气象。

明洪武元年（1368），官府在七宝蒲汇塘西设有税课司。洪武二十三年（1390），在七宝镇区设立预备仓四所。宣德八年（1433），又置济农仓。

因此，七宝“镇无旧名，缘寺命名，寺无他重，因镇推重”。古镇七宝的形成和发展，始终与七宝教寺的命运紧密相关。

塘南宋元胜迹

蒲汇塘南岸，乡人习称“塘南”“七宝南镇”，这里的历史比北镇更悠久。

据方志记载，大约于五代十国时期这里已形成村宅聚落，名为“丁家庄”，至宋代初略显规模。《蒲溪小志》记：这里是东汉末年名将吕布（字奉先）的义父丁原（字建阳）的故里。但此说缺乏实据。

历史上，七宝地区盛行道教，塘南有不少宋元时代的胜迹，可与北镇的七宝教寺媲美。

南七宝寺，清代易名“东圣堂”，位于南东街东梢。始建有两说，明正德《松江府志·寺观》记载：“南七宝寺，宋大中祥符元年（1008）僧信建。”而《蒲溪小志·寺庙》称该寺为元至正年间建。寺庙为两楹，有古银杏两株。明万历二十三年（1595），里人徐泮等信众捐资铸铁如来佛一尊，传为“飞来佛”，寺俗称“铁佛寺”。后殿供岳忠武王（岳飞）。

东岳行祠，位于七莘路 2678 号（今上海交通大学农业和生物学院校园内东北隅）。始建于宋代，俗称“南庙”。宋代许尚《华亭百咏·东岳行祠》诗云：

明主东封后，龟蒙望益尊。
巍然此行宇，时许荐苹蘩。

明成化年间，道士陈大经重建。大殿前有古银杏两株，三四人合抱。二门有温公神，传其笤甚灵，明清时香烟四时不绝。民国年间，上海著名报人曹聚仁曾到东岳行祠一游，他在所写的游记中这样描述：“沿河浜一

角，搭了紫藤架，下面朱漆栏杆，衬着浜上小桥，古色盎然。从前，玉皇殿前三株宋代的老树，两根又高又粗的银杏，和一株枝干虬曲的柏树，仿佛告诉过客：这个七宝镇的历史是这么古老的。”

东岳行祠兴建后，四周先后建有玉帝殿、刘郡王庙、斗姆阁等。

玉帝殿，始建年代无考，《蒲溪小志》称“约为宋时物”。清嘉庆年间重修。建筑面积一百七十三平方米，因屋椽为二十三根，门面开阔，俗称“廿三厅”。

刘郡王庙，在东岳行祠东北。初建于宋代，历代都有所改建。民国年间开设茶馆，因四面临风，俗称“四面厅”，又称“花厅”。现存建筑物为清嘉庆年间重修时所建，四面皆为落地长窗，似亭似榭，似厅似堂，独出心裁，别有天地。斗拱层次重叠，栋梁绘彩华灿，雕刻精细；石阶门窗，有眉有目，情趣盎然。厅外有三尊云鹤纹饰青石柱，造型独特，至今保存完好。

斗姆阁

斗姆阁，奉祀斗姆神（北斗七星之母），建筑面积一百七十六平方米。始建年代无考，应在明代之前，清嘉庆年间重修。这是一座以木结构为主的二层之上的楼阁式道教建筑。南、北立面风格迥然不同，南立面正门处合围建门头，具有江南民居素雅的特色；北立面粉墙黛瓦，朱栋画梁。屋面结构复层交叉，斗拱托檐，飞翘的檐角众多而难以确数。晚清时期，这里成了南城隍庙的戏楼。

明代，东岳行祠四周又建有蒲溪道院、南城隍庙等。

蒲溪道院，在东岳行祠右侧，始建于明洪武年间，嘉靖年间因王会建宅而南迁至东岳行祠。清道光二十一年（1841），南北镇众信延上邑道人张丹书驻院。

南城隍庙，位于东岳行祠左侧，俗称“南庙坐堂”。原在镇西栅内，明万历年间里人王会建迎敕堂，遂移建于此。清道光年间，南镇众商家起万人缘，募资重修，供奉松江府城隍李待问（1603—1645，字存我，明代上海县十六保浦南李家角人）。

清道光年间，在东岳行祠西侧建照天侯庙。

这里至今幸存两棵银杏树，树高分别约二十四米和十八米，树围有三至四米粗。据农学院植物专家估测，树龄已近七百年。

四面厅、斗姆阁已列为闵行区文物保护单位。

斗姆阁银杏树

元末明初镇郊风情

金鸡坟墩的传说

七宝镇的东北角上，当年有个高泥墩，人称“金鸡坟墩”。相传，当初这里住着一户夫妻，人还年轻，却懒得出奇。一夜，夫妻俩梦见自家金鸡开口说话。金鸡讲：高泥墩下有七缸金八缸银，你们为啥不去挖呀？夫妻俩醒来急忙出门去挖泥墩。可是，从早挖到夜，根本不看见有啥金银财宝，只得回家睡觉。天没亮，夫妻子又被金鸡叫醒了。本来还想睡懒觉，一想到金鸡讲的七缸金八缸银，又连忙起来再去挖泥墩。他们悄悄地挖了三天三夜，就是挖不到啥宝物，再一想，反正高泥墩全挖过了，顺手撒了些麦种菜籽，也算没白挖。没几个月，高泥墩麦飘香，菜满地，夫妻俩竟有了个好收成。从此，夫妻俩也习惯了，每天清晨金鸡一叫，就出门挖泥，虽然有人笑他们痴心，但再也没人讲他们懒，反而纷纷效仿他们，金鸡一叫就下田干活，日子也过得蛮安逸。不料，有一天，那只金鸡被觅宝的江西人用玉蜈蚣作诱饵盗走了。虽然这里不再有金鸡催工的啼叫声，但七宝人已代代相传养成了勤劳致富的美德。

因此，“金鸡”成为传说中的“七宝七件宝”之一。

杨维桢游芗林堂

芗林堂，位于七宝镇西小涞港，蒲汇塘南岸。徐九龄家族为元代当地大户人家，“有古屋百十楹”，“凿池数十亩”，栽有各色花木。

元末明初著名文学家杨维桢（1296—1370），字廉夫，号铁崖，别号铁笛道人、东维子，泰定年间进士。喜欢结交才俊之士，与徐九龄也颇有情谊。他不时前来芗林堂做客，有时还小住几日，悠然地观赏这田园风光。两人总是开怀畅叙，恋恋不舍，推心置腹，兴致盎然。

杨维桢挥笔留下五言诗《宿徐九龄芗林堂》，一段佳话流传至今。

林深缠薜荔，藤蔓集鸧鹩。
屋筑穿花磴，溪喷带叶潮。
渔舟疑入树，耕犊欲窥巢。
蔽芾园驱日，芳菲草秀葽。
丛篁邀过客，透木醮层霄。
不雾影常暗，非山色更饶。
苍茫招隐遁，迢僻涤尘嚣。
云碍潇湘竹，人行翠浪桥。
落霞筛锦绣，吟蛄嗑箾韶。
仿佛桃源洞，依稀太古樵。
携锄画中出，燃火树间摇。
樛倚飞帘白，葩妍戏蝶娇。
日间应吠犬，枝杪可悬瓢。
机响联歌牧，疑闻别境谣。

杨维桢还撰有《徐九龄芗林堂记》记载：

松之邑，带江枕海。聚为山者，曰笴、曰薛、曰神、曰小昆、小金。地皆平畴大陆，呀渊疏川。突而高，郁而秀，蟠而居之者，则乔木之林，大姓之所宅也。去邑北五十里，其川为蒲汇，汇北反为小涞岸，小涞有古屋百十楹者，九龄徐氏之居也。去居左个一百步，凿池数十亩。池上植松、柏、栝、桧、桂、椒、梅、橘、桃、杏，草则芝、兰、菊、芷、荃、荪、熏、茝。

钩连汇列，四时之生香，未尝一日断也。因额其堂曰“芗林”。

予过海上，九龄榻余堂者数夕。临分，出楮笔曰：“先生海上还，嘻笑怒骂，皆成文章，醉墨所及，一草一木有光。于‘芗林’独无言乎?”予曰：“草木之香细矣。因人而馨者，大且远矣哉。栗里五柳以处士香，晋竹林以七贤香，濂溪莲以周茂叔香，罗浮村梅以苏长公香。草木不以物香而以人馨也，信矣！不然，虽梓泽平泉，草木之绮交锦错者，不香也。”吾爱九龄之人品魁垒，操行高茂。尝与论今人处曰：“今之称豪杰者，弯弧运槊，走戎马间，水出火入，即可苟且取富贵。高者摇颊鼓舌，闳声高议，以惊动所事。自谓陶王铸伯，以邀其所宾。而为士之大庆，不知大忧者在其踵，触罗踏阱，卒自跲踣，而祸及其孥仆，力不能庇，势不能掖。嘻，若是者，懵甚而悖亦滋甚。予不幸多艰险而幸返故庐，与一草一木同花而共实。先人之赐，先生之教也。”予闻其言，韪之曰：“此吾子之德馨也，馨之被于芗林草木者也。”故乐为志“芗林”，并录其语，为学之懵且悖者告也。

十八里水路到泗泾

从七宝镇往西，在蒲汇塘内行船走“十八里水路”，沿途经过小渡船、九里亭、龙珠庵、朱子良桥等地，即到达泗泾镇。

“小渡船”在七宝镇西不远处。相传，宋太祖攻打吴越王时，路过此处，见无船又无桥，即令部下编竹筏为渡。大军过后，留下了竹筏，方便过往行人，乡人称“编竹渡”。元初，渡口弃竹筏用小船，始称“小船渡”。因江面较狭，改名“小渡船”，沿用至今。清道光二十八年（1848），乡人造石桥，名“小渡石桥”。

“九里亭”在蒲汇塘北岸，盘龙塘与横泾之间。南宋时，寺僧法算建资庆庵。因东有小涞港，西傍盘龙塘，水陆交通两便，香客商贾与日俱增，又在庵南蒲汇塘畔建一凉亭。此亭距七宝与泗泾各九里，故名“九里亭”。

北宋时，乡人取外波泾、通波泾、洞泾、张泾等四水之利，傍顾会浦（今通波塘）筑屋定居，形成村落，取名“会波村”。南宋时，因从华亭县城通往上海镇的主要水道，由通波塘改为洞泾港，会波村逐步东移，形成新的村落，取名“七间村”。元代中叶，形成小集镇，取镇名为“泗泾”。

名士见闻

明代赵太质《题七宝镇》诗云：

村外晓烟横，溪头宿雨晴。
采桑归静女，抱布专蚩氓。
客路频年梦，乡园此日情。
拟从田父饮，荷耒学躬耕。

明代龙华里张所敬（字长舆，人称“黄鹤先生”）《夜泊七宝》诗云：

暮从村市泊，灯火映汀洲。
形胜孤帆得，星河一镜收。
清歌闻子夜，高论对名流。
月落霜华重，厌厌饮未休。

《蒲溪小志》所载诗文中，还有青浦知县屠隆的《避风台》和姚道元的《游七宝寺》。这两首诗所描述的是否是本地风物？近年有地方文史研究者提出了疑问。因此，暂且忽略之。

农家风情

明天启年间，七宝人吕克孝撰《松江田家月令十二首》，诗云：

正月松江春水鲜，麦苗荞叶绿如烟。
孛娄笑把流花卜，喜得今年胜旧年。
二月松江燕子飞，蚕豆花开竹笋肥。
人人拍手拦街笑，正是前村散社归。
三月松江鸠雨晴，家家插柳是清明。
草深黄犊春来长，晓起扶犁试学耕。
四月松江梅雨多，新秧才莳便成科。
只愁舶棹东风急，尽向簷前结草蓑。
五月松江稻正长，田中耘稗汗成浆。
今朝一阵分龙雨，不用推车坐夜凉。
六月松江水没堤，青苗黄豆一截齐。
若到甲申晴到夜，今年米价贱如泥。
七月松江风渐凉，棉花雪白稻花香。
街头点火收官布，只说机梢要放长。
八月松江浪拍天，豆棚瓜蔓竹篱边。
儿童结网扳罾去，鱼蟹都来不用钱。
九月松江霜树残，草干潮落剩沙滩。
布衫灯下重重补，月照芦花夜更寒。
十月松江尽筑场，绕场稻积密于墙。
如何黄犬连村吠，里长催粮上县仓。
阳月松江长至前，家家打鼓谢茶筵。
了酬心愿无他事，不扰官司好晏眠。
腊月松江米作堆，雪花一尺伴寒梅。
田蚕照罢围炉坐，儿女同酬守岁杯。

徐寿造桥

蒲汇塘桥

明正德年间，北镇的街市依托七宝教寺的香火，日益繁荣。而要想继续向南拓展，与塘南的街市连成一片，就必须在蒲汇塘上建造一座跨塘大石桥。

此时，镇上有个叫徐寿的善人，就与两岸的开明富绅相商，想联合发起在蒲汇塘上建造几座石桥。徐寿的倡议得到众人赞同，大家好不容易筹足资金，便派人到江西邀集工匠，到福建采伐桩木，从常熟、无锡运来石料。货到人齐，选了个吉日良辰就动工了。

但是想不到，由于水急浪高，这桥桩就是打不牢靠，好不容易竖起了桥墩，可是没几天就被冲塌了。徐寿他们不罢休，塌了又建，可建了又塌，弄得精疲力竭，仍无良策。

这一天，阴雨绵绵，河水急涨，无法再施工。徐寿正吩咐工匠们收工，忽见一条小船从东面疾驰而来。船到渡口，走下来一位银须白眉的老头。徐寿感到来者非同一般，忙上前讨教解难之策。老头笑笑，点头说愿助一臂之力。只见他不慌不忙地兜了一转，到肉庄上借了一把斩肉斧头回来。众人好不奇怪，又不便多问，争相探身观望。

老头上了小船，来到桥桩边，口念咒语，挥起斧头，对准木桩，每根猛敲了三下。霎时间，整个渡口似地动山摇，而河水却突然静了下来，一根根木桩也都乖乖地缩进了水面。

众人见此情景，连声欢呼。

徐寿上前向老头作揖道谢："师傅神功，多谢相助！"

老头却说，桩虽打好，但造桥还会有重重难关，大家唯有齐心协力，才能按时完工。说罢，他随手将手中的斧头往桥桩缝里一抛。

徐寿忙率众齐声应答："多谢师傅指点！"

转眼间，那老头已撑着小船往西飘然而去了。

桥墩就此竖牢，塘桥顺利造好，日后无论天灾人祸，塘桥从没有塌过一块石板，人们都说"全靠玉斧垫了塘桥"。此事越传越奇，老头抛在水中的肉斧，被传为"玉斧"。七宝人信以为真，将这"玉斧"称作"七宝之一宝"。

这"玉斧垫塘桥"的故事虽说是一则民间传说，倡建蒲汇塘桥的徐寿确是一个真实的历史人物。

史料记载：徐寿（1493—1569），字永龄，号鹤田。为人仗义，决心不惜耗尽家财，与本镇好友张勋（字启龙）一起募建塘桥。

徐氏门风

徐寿的先辈世居嘉定地区（今上海市嘉定区），始迁祖徐庄入赘七宝地区张氏人家，遂为华亭籍。徐庄及子女勤于耕织，"又务长者"，被乡人推为"著姓德门"。

徐庄的四世孙徐奎，号西郊，为人"性孤直，不能下人"。"孤"则不合众，"直"则不知变，于是"嫉者数乘之，业稍稍落"。但他坚持操行清廉，明断是非，报怨以德，乐善好施，曾捐资建造杨港浜石桥，深受乡人好评。徐奎家四年间生养了三个儿子，徐寿为长子。

徐寿少年时也有父亲那样的个性，意气壮盛，志向不凡。正德八年（1513），父亲遭受诬告，蒙冤入狱，徐寿年仅二十岁，即勇赴京城，伏阙上书（直接向皇帝上书奏事），替父亲申冤。父亲终以清白得释，徐寿始悟人生如舟必遇风浪。于是，他"始理家事，英资大度，并济弛张，以清白励操行，以勤约聚生计，以明决酬世纷，以敏谨给官府，以公平宽大抚乡间，以沉退缜密备外务，视微如大，持坦如岖"。"平生务仁厚，嗜施予，内外亲戚待以举火者数十家，交游故旧绝而复起者无虑百数。即最仇怨者，公结以恩义，更为亲信。前后郡县吏到部，辄知公长，以父老目公，雅敬公。公虽居田，而乡曲之誉，即缙绅弗加也。年长未举子，公曰：'予未德耳。'乃益务行义。"[①]

正德十三年（1518），徐寿耗尽家财，与本镇好友张勋（字启龙）一起募建蒲汇塘桥。

经数年努力，终于把桥建成。就此，塘南形成南大街，长二百步，塘北形成北大街，长三百多步，塘桥连接南北大街成为镇区中轴线，从而奠定了七宝老镇的基础形制。

蒲汇塘桥为三孔（也有五孔之说）石拱桥，主孔跨度十一米二五，高五米二，两拱跨度均为五米六，高三米。桥身长二十九米，南北各设二十步台阶。桥宽五米四五，两旁设石栏。塘桥上下，成为集市中心。每日天未破晓，各式风味小吃、本地土产已布满桥堍，本镇的居民、上镇的农民、泊岸的船民、四乡小商贩、八方过路客便集聚到此，价廉物美的风味小吃及各类时鲜蔬菜瓜果在此展销。人们信手拈来，各取所爱，逢熟吃熟，百吃不厌，就此迎来一天又一天，一年又一年。

九桥义举

七宝镇郊因蒲汇塘支流众多，到处被水网阻隔，出门无船难行，加上地处三县交界，官府少有资助建桥，以致交通不便，更显闭塞，严重影响人际交往和经贸活动。

相传有一日，徐寿的妻子杨氏从泗泾龙珠庵烧香还愿回家，走到横泾竹桥头，正巧遇到竹裂桥塌，走在桥上的一老一少顿时跌落河中，幸有乡人相救，方才脱险。杨氏慌忙赶回家中，将此事告诉了徐寿。

徐寿想到，从七宝到泗泾走旱路，虽说只有二十余里，可是途中有

① 出自明徐三重《九桥记》。

十多条河道间隔，大多既无便桥，又无滩渡，来去非得动用船只，实在不便。夫妻俩一商量，决定再造几座石桥，行善乡里。

于是，徐寿动用积蓄的钱财，独力购石募工，在蒲汇塘北岸建成了一座又一座石桥。

谁料想，建造朱真桥时，徐寿遇到了大麻烦。此桥正巧对着宋姓财主家的坟山地。宋财主说：桥头挡住了他家“斗鸡活水”的好风水，硬是要求拆桥易地。徐寿不理睬他，决意坚持施工。宋财主又逼徐寿在他坟山地中雕一座石虎，解除对他家风水的冲撞，不然就要上告官衙。徐寿知道不依不成，就同意了他的要求。不过，他有意将石虎雕得似条狗，以致乡人称宋家坟山是“石狗地”。

徐寿一鼓作气，数年内先后在蒲汇塘北岸建造了九座石桥。从七宝镇中蒲汇塘桥往西数，新建有新沟桥、里仁桥、横泾桥、徐家庄桥、和尚浜桥、朱真桥、朱家滨桥、马婆浜桥、新漕泾桥。这九桥建造之后，七宝与泗泾之间水陆交通两便，社会发展紧密相依，四乡百姓齐口传颂。

也许，徐寿个性过于耿直，“少负意气，人多中伤之”。他的造桥义举遭到某些小人的恶意中伤。

一天，有人得知一位巡按大人经过七宝地区，就恶人先告状，拦轿鸣冤，诬告徐寿以造桥为名骗取钱财。这位巡按大人过于自负，不由被激怒了，匆匆赶到七宝镇北大街，将徐寿抓捕归案。杨氏慌忙跪求开恩，乡人争相为徐寿说情。巡按大人以为百姓起哄，吩咐将徐寿押回法办。而当他一路走过那九座石桥，见每座石桥上都刻有“徐寿同妻杨氏一力建造”的字样，方才明白真伪，情不自禁地连声感叹：“此义士也！”他立即下令将徐寿释放了。

嘉靖三年（1524）六月，时任浙江副使的陆深（1477—1544，字子渊，号俨山）慕名到七宝教寺一游，欣赏了七宝人张璞（号友山）的诗卷，喜作《题七宝僧诗卷》。游览途中，他目睹蒲汇塘桥和北岸九座石桥的盛况，深受感触，特赋《赠徐寿建桥》长诗，赞叹不已。诗云：

江头风雨愁人涉，野鸟频呼泥滑滑。
桥梁特立恐危途，三更醉叟坦然过。
嗟哉世人逞奸富，栋宇巍峨千万户。
闭门箫鼓炰醴鲜，道路沉沦那谁顾。
泳游无计群号呼，踟蹰进退将奈何。
唯有君心泣杨子，倾囊架石行人徂。
填鹊牵牛谐七夕，文人浪语成河泽。
不作乘舆仅洧溱，万古千秋颂恩德。
君不见大宋编竹渡蚁时，灵台片念苍穹知。
又不见蔡公海口洛阳建，青潮隐伏神龙现。
巨细功垂电目燃，徐君此事超尘诠。
他年驷马高题笔，始信相如赋谁及。

徐寿的孙子徐三重深有感触，特作《九桥记》一文，也记述了这段史实，并感叹：“然公志未已，但苦无一旦之力，欲岁岁次第图之，使百里无蹇裳者。而天遽不禄，卒未竟其志。惜哉！三重少时，往来九石梁下，家君指示题刻岁日，语公生前事，泫然久之。且曰：‘而小子毋忘也。’故

蒲汇塘桥今貌

谨借其言，而志作桥之事。”

嘉靖十二年（1533），徐寿率众捐资营建七宝教寺殿宇，绘塑圣像，并点燃一盏长明灯，从此昼夜不绝。

嘉靖二十三年（1544），松江府一带遭遇大灾荒，民不聊生。已年过花甲的徐寿以课徒耕作所得，减值粜米五百石，救济当地灾民。徐寿的义举，再次震动八方。后获朝廷赏赐冠服，封赠保定衔。七宝乡人公认徐寿为德高望重的“祭酒”。

徐寿疾恶如仇，且为人真诚，还“善喻人”，即善于开导人家，做到“亲交（亲戚旧交）有过勿绝也，必规而道之。臧获（对奴婢的贱称）有罪勿弃也，必诚而训之”。他认为：开导人家，人家却不听从你开导，其中的原因有两条：自身不端正，不足以使人信服；言语不诚实，不能够使人感动。

名士传儒风

七宝乡人素重教育，《蒲溪小志·风俗》卷中即有“士习诗书、农勤耕织”“俗尚诗书、人知敬长”的描述。据不完全统计，仅明代七宝就出现进士十一人，举人十六人，旧志称“文儒辈出”。

明代，七宝镇步入经济社会发展的鼎盛期。名士众多，乡贤辈出，除了徐氏家族以外，还形成了张氏、金氏、黄氏、王氏等名门望族。他们行善崇德，给乡人树立榜样，产生了深刻的影响，“俗尚诗书，人知敬长”的乡风享誉八方。

七宝张氏

张璞《松谷读书图》

七宝张氏居住在老街西北角，宅院内建有“美园池”，因此人称“园上张”。明初有张伦，字文简，号林趣，好读《左氏》《春秋》，以气概自雄，有古侠烈风。永乐年前后，他长年奔波在外，充当幕僚二十年，历经风险。暮年归乡，眼见吴淞江、蒲汇塘淤塞而忧愁，几番向朝廷呈文要求疏通，终于感动松江知府，聘其负责治水工程。其子张龄，天顺三年（1459）考中举人，出任浙江温州府通判。

族人张璞，字廷寀，号友山，室名“拳干斋”。自幼且耕且读，刻志于学，博览群书，年未弱冠即有诗名。正统十三年（1448），以府学生入国子监。不久，出任河南陈州（今淮阳县）、山东沂州（今

临沂市）学政。工诗善书，尤精绘事，有《松谷读书图》（1450年作）传世。著有《易髓》《淮阳志》等。嘉靖三年（1524）六月，时任浙江副使的名士陆深慕名到七宝教寺一游，欣赏了张璞的诗卷，喜作《题七宝僧诗卷》。

正德年间与徐寿一起募建蒲汇塘桥的张勋（字启龙）为张氏后人。

七宝金氏

七宝金氏先祖金通甫，元代时从汴京迁徙到江南，由金山县朱泾迁上海县，一支在十六保闵行镇定居，明成化、正德年间有金爵（字良贵）、金献民（字舜举，号蓉溪）、金皋（字鹤卿）、金暭（字治卿）等连续三代考中进士；另一支则在七宝地区落户，元末明初时有金铉（1361—1436），字文鼎，号尚素。自幼嗜学，至孝其母。痴心好学，仗义纯朴，性格潇洒，乐于隐逸山林。

乾隆皇帝
《仿金铉濯足图》

明洪武年间，金铉征召赴南京，居住数年，被封为中书舍人，没有上任便以母老辞归。为人潇洒绝俗，喜好吟咏，诗文流丽，更擅书画，永乐年间其诗、书、画并称“三绝”，在吴中地区颇具声望。他曾为南京城内清风楼题匾，使“高人韵士过之，必延登楼，焚香鸣琴，酌酒赋诗，翛然山林泉石之适也”。收藏元画，将搜罗的十二幅胜国名家册页视为至宝，潜心学习。在吴门画派和松江画派的形成和发展中，金铉是一个关键的人物。

金铉病逝于正统元年（1436），享年七十六岁。墓葬七宝，时任朝廷宰辅的杨士奇特为其撰写《封中书舍人金铉墓表》。有《尚素斋集》《凤城稿》等著作传世。金铉的绘画得大画家黄公望笔意，评价甚高，幸有《渔乐图卷》（1997年香港佳士得国际拍卖公司拍卖时以二百二十三万元港元成交）、《山水图页》等传世。清乾隆皇帝十分赏识金铉的画作，曾画过一幅《仿金铉濯足图》。

金锐《林荫对话图》

金铉长子金绶，字文璧，以顺天府大宁军籍于景泰二年（1451）中进士，官至陕西巩昌府通判。

次子金纯（1382—1458），字文明，号汝砺。景泰四年（1453）顺天乡试举人，景泰五年（1454）中进士，任刑部主事，后任河南布政司。曾为元代著名诗人杨维桢的墓碑篆额。金纯之子金濂，字浚之，为上海县学生，弘治十四年（1501）举人，正德六年（1511）中进士，任礼部主事，后迁巩昌府知府。金纯之子金定，字汝济，上海县学生，嘉靖二十八年（1549）顺天乡试举人，嘉靖三十八年（1559）中进士，担任福建按察使佥事。

三子金锐，字汝潜，书法也精，并有父风，画山水承家学，有黄公望笔意。《无声诗史》《明画录》《图绘宝鉴续纂》均列其名。金锐的《林荫对话图》今由上海博物馆收藏。

七宝黄氏

七宝黄氏由黄明而显贵。黄明，字天章，号西坡。华亭县学贡生。明弘治六年（1493）中进士，授南京刑部主事，历官兵部郎中、福建汀州府知府。正德六年（1511）八月，升云南按察使副使。父黄奎以子显贵，累赠汀州府知府。嘉靖年间，黄明返回七宝镇养老，屏居八年不出家宅，以致乡人熟其名而不熟其面。时任浙江副使的陆深途经七宝地区，准备前去拜访老前

辈，却因“寒甚而不果”，遂赋《七宝镇拟访黄天章宪副寒甚不果》诗云：

乘兴何妨似剡溪，故人只隔市桥西。
心情聊复同云水，踪迹真怜在雪泥。
白下馆前时系马，黄金台下共闻鸡。
扁舟定有重来约，禾上春风细柳堤。

黄明之曾孙、黄筹（松江府学岁贡生，嘉兴县学训导）之孙、黄德崇（字益卿）之子黄廷凤，字孟威，万历十七年（1589）青浦县学岁贡生，历官云南大理府同知、武定府知府。其子黄东颖，字长源，贡生，任太仓县学训导，督学忠敬。

黄明之曾孙黄廷鹄，字孟举，年少颖慧，深受舅父唐文恪、唐文献器重。万历三十七年（1609）中举人，任江苏省宝应县学教谕，迁浙江嵊县知县、顺天府经历。崇祯年初，转任顺天府通判。呈《为臣不易编》八卷，所录古代名臣上百人（自皋陶至文天祥），获得嘉纳。黄廷鹄与徐三重之子徐祯稷结为姻亲。

七宝王氏

七宝王氏世居王家厍。明嘉靖十六年（1537），王会（1517—1595，字子嘉，号宏宇，更号九霞）中举人。七年后，又中进士，授工部屯田司主事。王氏家人便在七宝南镇建造新宅院，称“迎敕堂”。

王会的祖父王怡逸，好行其德，人称“王佛子”。父亲王良玉，字汝振，号蔗江。伯父王良金（人称“汇村公”，嘉靖四年举人）与王良玉兄弟俩皆好学喜文，倾心培育王会、王俞兄弟俩。

王会官至广东按察使司副使、整饬海南兵备。娶三林塘太学生陈槐塘之女为妻。嘉靖三十八年应约书丹《崇福道院碑记》。

其父王良玉获封赠工部员外郎，但他除了岁朝时将冠服拜于宗祠之外，平时决不张扬。一天，他应邀到一富家赴宴时，村邻观者云集，有位相识的老妇人笑着问他："老爹，纱帽圆领官服何在？"他笑答道："往来乡里，所穿袍帽应合身得体才适意，老人何必以儿子辈为轻重？何况朝廷赐典，更不敢亵渎，还是朴野些好。"

王会早年在松江西门大街的普照寺内读书时，身边有一苍头朝夕相伴，感情甚好。王会显贵后，苍头便出家为僧。王会有所赏给，而他一无所受。王会未满四十岁即辞官归乡，在长生里筑室读书，陪伴父母。他乐于疏财仗义，造福乡里。晚年读书谈道，至老不衰，卓有博雅风度。万历二十三年（1595）冬，王会无疾含笑而终，享年七十八岁。著有《九霞遗集》等。其子王翊恩，字补之，万历二十五年（1597）中举人。

王会族弟王俞，字子昌，国子监贡生。其热心公益，凡本地修城筑路之事，必定一马当先，唯恐不及。明初，入赘松江北竿山夏氏，捐建广富林景山桥。晚年，他在"登山主桥西"建万春亭及五老峰草堂，与兄长王会朝夕赋诗饮酒互乐。王俞之子王克让，字翔思，国子监贡生，万历十六年（1588）顺天府乡试中举。因子显贵，封赠刑部主事，累赠浙江布政使、顺天府尹。

王克让之子王庭梅（1574—1648），字元调。万历三十七年（1609），中举人。万历四十一年（1613），进京殿试，获二甲第五名进士。授中奉大夫，历官两京府尹、浙江承宣布政使、四川提刑按察使，官至刑部尚书。晚年居住在七宝镇上，热心为民请命，撰《宪禁越例扰民永遵恪守碑记》。清顺治十二年（1655）四月，碑立松江府城隍庙内。

王克让之子王庭柏（1584—1662），字元长。万历四十三年（1615）中举人。万历四十七年（1619）殿试，获二甲第六十三名进士。授工部员外郎，主持广西乡试，官至福建邵武府推官。他为人胸襟开阔，豁达大度，有晋人风范。

赢得敬重

整个明代，七宝镇因拥有这些乡贤而民风淳朴，声名远播，社会发展，享誉江南。

徐氏家族与他们关系亲近，互相尊重，被传为佳话。

这些乡贤名重四方，又乐于为家乡尽心尽力，自然赢得父老乡亲们的敬重。清顺治九年（1652），松江府重建乡贤祠时，七宝镇上入选为崇祀者有：刑部主事封四川夔州府知府徐三重、赠浙江布政使王俞、应天府通判黄廷鹄、工部员外郎王庭柏。

徐三重及其家族

湘竹文运

明嘉靖二十二年（1543），徐沛生下儿子徐三重（1543—1621），字伯同，号鸿洲。

在徐三重少年时期，七宝镇上先后有王会、金定等才子奔赴京城参加会试，高中进士。乡间学子投身科举走通仕途的实例，一次次轰动七宝四乡，自然也影响着徐氏家族。

当时，徐寿年已五十多岁，只因这些年造桥掏空了家底，以致家业中落，总难免会遭遇急需用钱的关头，便开口向族人求助。可是没想到，族人往往借口不作回应，徐寿无奈之中只得含泪变卖部分田产应急。为此，他决意要将孙儿培育成一名进士，指望他能光宗耀祖，改善徐家的处境。

于是，徐寿在家宅宝善堂内自行创立了“徐氏义塾”，延请儒士，绛帐授徒，以课徐氏子孙及乡里贫寒弟子。因此，徐三重自幼能在自家私塾中入学发蒙，得到了良好的初期教育。

徐寿见孙儿十分好学，时常喜气洋洋地与其做伴，极为放心。而徐沛总是不放心，亲自督学，管教甚严。后来，名士陆深特意为此撰写《徐氏义塾记》，大加赞赏。

徐沛曾经师从龚情（字善甫，号方川，上海县马桥人，嘉靖三十二年进士），深切领受过恩师课教子弟之严。他经常听到恩师感叹：“宇宙间所并尊者，天地君亲师。天地有覆载恩，君王有平治恩，父母有生育恩，如何深重，而师亦与焉，何可不思参配其恩？且以他人之子弟而尊事我，等于父母终其身，我苟无恩，而偃然当尊，岂不厚愧？故我必欲成人子弟，

是以严也。”恩师在讲堂上一再强调：“误人之子弟，何异杀人之父兄?”徐沛对恩师的严训时刻铭记在心，如今面对儿子入学，他岂敢掉以轻心。

在父亲的严管之下，徐三重倍加勤读，终以幼年聪慧，才能出众，学绩超伦，被同辈人赞为“神童”。参加童子试，他名列榜首。年未弱冠，他成为县学庠生。进入县学，他更加刻苦益进。

徐家北庄植有一片湘竹林，相传那是徐氏文运之端。

嘉靖四十五年（1566），有周姓佃户人家到竹林里去斫取几竿湘竹，用其插引扁豆，谁知“逾岁发，枝叶成丛”，乡人称奇。

令乡人更为惊喜的是，这一年即隆庆元年（1567），二十四岁的徐三重首次参加乡试，便考中举人。而且，在东庄池畔同时冒出一片小篾竹，足有百余根。佃户看到之后，忙去斫取几竿，编为樊圃，结果有二株大发枝叶，次年竹竿成行，延及数丈。乡人闻之，惊呼神奇。

隆庆三年（1569），徐寿亲眼看到孙儿中举，也看到北庄湘竹成林，深感徐家又有了勃勃生机，前程必然锦绣。于是，他心满意足地撒手离开了人世，享年七十六岁。其墓葬在七保一区五图。

徐三重果然不负祖父的期望，学识日益广博，诗文不断长进，深得师友赞赏。

万历二年（1574）春，徐三重满怀信心地赶赴京城参加会试，一举考中贡士。

万历三年（1575），徐三重之子徐祯稷出生。

万历五年（1577），徐三重有幸赴京参加殿试，终以三甲第一百五十六名中进士。父亲徐沛以子贵，获得封赠。徐氏家族随之扬眉吐气，七宝乡人大多引以为豪。

京城为官

在京城，徐三重担任刑部江西清吏司主事，官衔正六品。

江西清吏司是刑部所属内部机构，设郎中一人，员外郎一人，主事一

徐三重

人，经承三人。职掌审核江西省的刑名案件，凡该省徒以上刑案题咨到部，由该司凭其供勘审核证据是否确实、引用律例是否准确、所拟罪名及量刑是否恰当，具稿呈堂，以定准驳。同时收办江西道御史、中城御史、正黄旗及西直门的来往文书。

徐三重身居要职，却依然低调做人。有识之士喜欢与他交往，称其“广额白皙，端重寡言，识者目为远器”。“远器”是指有才能、能担当大事的人。“主政爽鸠冷曹，迹涉吏隐，似可优悠养廉。”刑部主事的职位，执掌他人生死大权，令人敬畏，且犹如隐者，当官当得清闲自在。人们都认为他实在有幸。

然而，徐三重清醒地认识到，自己有幸步入仕途，“当以国事为家事，民心为己心。不得但蜡荣名，苟图身利。毋苛刻以博能声，毋卑屈以媚贵要，毋费民以奉所临，毋枉法以狗所畏。昭昭国典，奉以公平。暗暗下情，体以忠恕。念吏国家给俸，本足资官。独以食费自浮，乃若不迨，于是乎苟且以充用，则不惟轻昧国恩。而生平名节扫地矣。当思此亦国计民脂，身口之外，不得一毫浪费，则用度有余，自然不必分外，夫分外一毫即贪也。贪之一字，古今大戒，不惟终身不齿，子孙亦且羞之。已为士大夫，何可不严戒而痛绝也”。

因此，徐三重坚持办事公平正义，为人宽厚仁慈，获得了同僚们的称赞。

在审案中，徐三重发现有一豪门作恶杀人之后，竟然作假，以家奴抵偿而脱罪。他决意严查深究，法办真凶。谁知，宰相张居正（字叔大，号太岳）却派人前来竭力阻止，硬要他以处死家奴销案。

徐三重心头不平，但是无法直接违抗宰相的命令，深为自己难以主持正义而遗憾。

办案时，徐三重也发现了一些冤案，他坚持冷静查究，注重证据，决

不随意枉断。幸有刑部尚书严清（字公直，云南后卫人）十分赏识徐三重的“独持平恕”，知其办事周详审慎，便让他掌管秘密要案。每有疑难案件，必定向他咨询，一起商酌才做定论。他们将长期积压的滞案、冤案都一一厘清，深得多方赞赏。

严清坚持为官“公廉恤民”，徐三重对他十分敬重。尽管张居正当政，权威显赫，但各部尚书中依然有严清始终不愿攀附，敢于坚持正义。于是，徐三重自觉地追随严清。因此，他在处事和办案中，自然时常会与张居正“得盗即斩”的极刑政策相左，从而更深切感受到朝廷政治的腐败。

没想到，徐三重担任刑部主事刚满三年，连张居正也看中了他的才能，计划将他调往吏部任用。可是，徐三重不愿意调职，却又生怕因此招来是非，其处境顿时十分尴尬。而此时，也许是积劳成疾，徐三重病倒了。突然身染疾病，行动不便，徐三重生怕因此耽误公事，便主动申请让出职位，静心养病。

数月之后，眼看这里的处境一时难有定论，徐三重决定暂时离开京城，返乡养病，既能与父母双亲相伴尽孝道，又可避过京城内的官场之争。

显而不贵

据清康熙《松江府志》记载，徐沛“生平不为奇节（奇特的节操），而清襟旷度（胸怀高洁大度），皭然（清白洁净）不可干以私（以私求利），真笃行君子也”。

因儿子在京当官，徐沛获得封赠保定左卫经历。虽说这只是个虚职，但是在乡间这无疑是一个显达尊贵的正宗称号，自然足以令普通乡人刮目相看。

然而，徐沛及家人并没有以名门望族自居。他依然布袍角巾，闭门吟咏，似乎一切如旧。

知县按照惯例，多次延请徐沛前去参加庆典活动。可是，徐沛始终不愿出席，也不想去拜访通融，弄得知县常失脸面。有人不解其意，前去询问徐沛："你这样做，人家不会怀疑你过于自傲吗？"徐沛不以为然，笑道："我只是一个乡间野老，理当如此嘛。"

确实，徐沛并非自傲，不论儿子是否为官，他自有做人处事的准则，一向认为："为人日多暇，其生平当无过人者；为人日无暇，其生平当无过人者。""士贫以当贵，俭以当富，或未达。曰：士处今之俗，而免于侵陵耻辱者，其贵乎。不然，其贫乎。而免于窘迫求贷者，其富乎，不然，其俭乎。"

一天，有个朋友上门来做客，他对徐沛说："你家富贵了，多好啊！能不能帮我家也富贵起来？"徐沛以为他开玩笑，便说："你何必这样求我，我家有什么富贵呀？"那朋友不罢休，真诚地向他请教富贵之诀窍。徐沛坦然相告："我看你家饭蔬不错，裘布不缺，饱暖无忧。饱暖之外，为什么非要披锦列鼎？我的生活不如你安逸，内心不如你悠闲，而你还想要富贵，那不是多余了吗？我看，还是反求你帮帮我吧。"那个朋友依旧茫然，但顿觉失言了，急忙点头称是。

除了读书吟诗，徐沛乐于潜心钻研医学，尤精《内经》，以精湛的医术饮誉乡里。但他"不荐师医，亦不轻听人荐"，认为"师医者，兴替死生之所系也"。他著有《医学决疑》《方壶山人稿》。

徐沛以自己的方式传承着徐氏家族的门风，从而深刻地影响了子孙们的人生。

徐三重对父亲的为人感同身受，又真切理解父亲自幼严训的苦衷，眼看父亲年迈多病，更觉得自己尽孝的责任重大。

不惑之年

万历十年（1582）7月，张居正去世，严清担任吏部尚书，京城内风气大为改善。

而此时正在家中养病的徐三重，摆脱了官场的纷扰，身体养好了，但

是眼见父母双亲已年老体弱，再远走高飞，就难以尽孝。

为此，徐三重进退两难。

考虑再三，徐三重决定还是以尽孝为重，守望七宝故土，就此不再赴京述职。

然而，历任江苏巡抚、按察司要员都敬重徐三重，一再推荐他重新出山，可是徐三重坚持不愿出任官职。一时盛情难却，勉强趁岁时庆贺之际，偶尔前去应酬一二。不久，他又闭门隐居，如入幽谷深山，看不到他的踪迹。上海道台、按察司派出专人前来请教，他不愿接见。松江知府亲自登门拜谒咨询，他亦不出面接见。本地官员们不由感叹："以至宾筵秩秩，几得公一赴以光大典，公亦不见。"

徐三重

万历十一年（1583），徐三重已年满四十岁。在京为官虽然仅有三年，但是令徐三重对人生有了更深刻的认识，对其今后的人生也产生了极大的影响。

步入不惑之年，徐三重越加清醒地规划自己今后的人生之路。他看到，当年祖父徐寿面对三难，"勤施多济，而无德色；里仇侵之，讼则克，而未尝先发一难；不习诗书，而秉礼裁义，揆诸古，则斤斤如也"，但他仍坚持好德行惠，利泽一方，其价值并不低于达官贵人，值得继承光大。而伯父徐泮是个虔诚的佛教徒，不问世俗，甘于清贫，洁身自好，但是无所作为，过于狭隘。父亲徐沛个性清高，放弃科考仕途，自尊自重，但是远不及祖父热衷造福于民。

徐三重敬重祖父，又独尊儒学。为此，他决定自己今后的人生既不随波逐流，又坚持先辈敦厚之德。

当时，七宝镇上经贸活跃，居民们争相开店经商，力图争利。而徐三重未曾动心，他叮嘱家人："窃念贾其业，不无贾其心，贾其心而欲自振濯，亦难矣。四氏之中，耕读之外，彼善于此，宁工不商者，盖永以警吾后人也。”

在家乡，徐三重结交的朋友并不很多，但他对于朋友个个真诚以待，人称高谊。他有一位挚友老儒，名叫褚中泉。徐三重对其尤为尊重，每次相见，他必定侍奉而坐。而褚中泉居然亦乐意享受，不以为嫌。褚中泉去世后，其女孙少孤，徐三重便为之抚育，直至择婿出嫁，如同视为自己亲生的女儿。

若是某个朋友有出格行为，徐三重则不讲情面，必定会谴责。浙中巡抚甘紫宁与他同籍交厚，他手下有个武弁欲谋掌戎政，以五百金前来登门求情，希望徐三重出面为其疏通关节。徐三重当即严词拒绝："彼欲得此职，必有失此职矣。吾不为也。”

救荒策论

徐三重长年在家，闭门简出，潜心著述。此后的近四十年间，他始终不入公府之门。然而，他身居乡间，却依然胸怀天下，正气未衰，始终保持着古大臣之风。

得知皇太后丧病，徐三重不能前去吊唁，便在家中设座，遥向北阙跪拜，泣泪不止。虽已退离官场，但他时时胸怀忠君爱国之志，爱憎分明，每当闻知朝廷施行一项有效善政，启用一名出色清官，他就会喜动颜色，而每当闻知恶政害民、贪官当道的消息，他就会咨嗟罢食。每当闻听到全国各地频发水旱之灾的信息，徐三重就会茶饭不思，寝不安枕。

遭遇灾荒，人命关天，涉及千家万户，影响经济社会。救荒是当政者第一要务，而实施时却又极为艰难复杂，一向成为有识之士献策的热门话题。对此难题，徐三重自然十分关注，主张实行均田限田政策，多次撰文论述。

后来，徐三重在《采芹录》第一卷有关养民教民论述的基础上，强化要点，撰写《救荒议》一文，提出“长淮以北，赈急于蠲；大江以南，蠲急于赈”的主张和免除租税、救济饥贫的有效方法，使其成为比较成熟的救

荒备荒工作指南。摘录如下：

古今救荒，惟赈蠲二事。窃谓长淮以北，赈急于蠲；大江以南，蠲急于赈。淮北居人星落，地旷土瘠，粮课甚薄。田无蓄泄之利，一遭水旱，千里极目，即不蠲亦无所得征。而流丐之民，旦暮悬命，沟壑之外，便虞剽掠。是赈之惠实于蠲也。大江以南，民赋浩繁，生人骈塞，无籍之人居多，升斗之给难遍。若复以薄收之物，充重额之输，则地方之存无几，而食货之直必涌。且饥寒之户，敲朴难堪，逃徙流亡，势所不免。是蠲之益重于赈也。夫蠲赈二事，在于并行之中，略计其虚实重轻则然耳。然江南田多巨室，蠲亦难从槩例列为差等，亦厚业者之所不能怨也。至于赈之一事，第责成良有司兴发劝募，调剂有方，斯为实政。此当事者之所宜鉴也。为守令者，积谷备荒，是第一务。不入私室，不为馈遗，买谷入仓，择部民有行父老主之。仓须完缮高燥，用柴盖护。待主仓者如家之主计，优以礼遇，免其杂役，不使左右群小有所需求。每廒有定数折耗……夫预备则有待无弊。久而益饶，散粜则民便利均。不至群聚而又身劳。诚感不废稽防，庶几民有实惠，亦备荒之一策也。救荒一事，士大夫稍以民物为怀者，未有不图其实济。第一人心思耳目有限，而闾阎隐情，群小奸欺，不无此顾而彼遗，名然而实否。世庙时，广东佥事林希元上《救荒丛书》，内列纲六，目二十有三。曰有二难：得人难，审户难。有三便：极贫之民便赈米，次贫之民便赈钱，稍贫之民便赈贷。有六急：垂死贫民急饘粥，疾病贫民急医药，病起贫民急汤米，既死贫民急瘗埋，遗弃小儿急收养，轻重系囚急宽恤。有三权：借官钱以粜籴，兴工作以助赈，贷牛种以通变。有六禁：禁侵渔，禁攘盗，禁遏籴，禁抑价，禁宰牛，禁度僧。有三戒：戒迟缓，戒拘文，戒遣使。其审势立款，推情设策，可谓几尽。若斟酌事宜，务在实惠及民，则在仁人君子，自尽厥心焉耳。救荒之难于审户。谓户口上下虚实，最难得真。夫黄册户口，百无一实。每岁实征文册，止开有产输粮之家，且花诡冒顶，影弊甚多。而无藉之人，有依托公门势室，兴经营市井赢利者；有佃种豪门田地，与负贩傭雇取息者。若米价腾贵，彼何可堪？欲遍周则难稽，欲弃遣则不忍。愚窃思之，唯保甲排门一法，延门编户，据口填丁，可以遍及无遗，使城市街坊与村落乡僻，例而行之可也。丰年既以稽察善恶，凶岁即以审度贫富，庶几得之矣。程伊川先生论救荒法云：“救目前之死亡，惟有节则及广。近见救饥之法，或给之米豆，或食以粥糜，来者予之，不复而辨。食廪既竭，则饿殍在前，无以救之矣。不知救饥者使之免死而亡。当择宽广之处宿戒，使晨入，至巳则闔门。午而后与之食，申而出之。日得一食，则不死矣。其力能自营一食者，皆不来矣。比之不择而与，当活数倍也。凡济饥当分两处，择羸弱者作稀弱，早晚两给，勿使过饱。第一先营宽广居处，不得令相枕藉，不给浮浪游手。”伊川此议，虑事最周。仁人君子酌时宜而权盈缩，总为饥民曲尽同生一体之念也。窃思遣使之戒，厥有前征。往年江南被灾，发帑命官赈济，无益而更滋骚扰，昔司马文正公谓：“不如专任监司守宰”。但监司守宰身任其事，又以得人为急。苟一人失用，即一处一事为其所误，而僵死不知几何人矣。大要各就一方人情，酌其才品委任，如邱文庄议于所部缙绅、监生与夫耆老人等，凡平日为乡人所信服者，俾各就所在，因人给散为得。

潜心学问

在七宝老家，徐三重每日里手执一编，自以为乐，潜心儒家“天人性命之学”，钻研人心世道。稍有闲暇，他则“理药囊，列茶鼎”，而绝不过问他人得失。晚年他更加注重精研理学，以朱子为宗，栖真习静，俨然如

对圣贤，因此自称“崇晦老人”。

经过多年的积累，徐三重搜集整理出一系列古人“轻世遗荣”（超脱尘世）的故事，并做出自己的评价和心得，最终编著成《兰芳录》二卷。对于此书，《四库全书总目提要》点评称：是编皆录古人轻世遗荣之事，分内外二篇。自序谓内篇近自得，外篇稍假物缘，亦不入世累。然曾点之沂水春风置之外篇，叶梦得之读书饮酒置之内篇，殊不晓其优劣之旨。首冠以《论语》饭疏食一章，贤哉回也一章，别题曰孔颜乐事，又不在内外篇之数，则恐失讲学本色耳。

同时，历代官方施政得失和理政要害，是徐三重长期关注的课题，并有不少重要论述，他最终合编成《采芹录》四卷。对于此书，《四库全书总目提要》做出这样的点评：是编第一卷论养民、教民，第二卷、三卷多论学校、贡举、政事利弊，第四卷多论明代人物臧否。大抵皆考稽典故，究悉物情，而持论率皆平允，无激烈偏僻之见，亦无恩怨毁誉之私，胜明人所作诸说部，动涉卮言，亦胜三重所作他语录，借周子之一言，遂太极阴阳，连篇累牍，讲学于天地之外。惟力主均田、限田之议，反复引据，持之最坚。究而论之，自阡陌既开以后，田业于民，不授于官，二千年于兹矣。虽有圣帝明王，断不能一旦举天下之民，夺其所有、益其所无而均之，亦断不能举天下之田，清厘其此在限外，此在限内，此可听其买卖，此不可听其买卖而限之，使黠豪反得隐蔽为奸，猾胥反得挟持渔利，而闾里愚懦，纷纷然日受其扰。故汉董仲舒，北魏李安世、唐陆贽、牛僧孺，宋留正、谢方叔，元陈天麟皆反复言之，而卒不能行。此犹可曰权不属，时不可也。宋太宗承五季凋残之后，宋高宗当南渡草创之初，以天子之尊，决意行之，亦终无成效。则三重所言，其迂而寡当，可见矣。然如论漕粟则驳邱浚海运之非，论养兵则驳徐阶塞外不可屯田之谬，皆卓然明论。其他亦多笃实近理，切于事情，犹可谓留心经世之学者也。

自古有学者称，北人做学问如显处视月（渊深广阔而博杂），而南人做学问如牖中窥日（清明通达而简洁扼要）。徐三重取其意，将自己研读过程中的论述要点汇编成《牖景录》二卷，上卷论述孔子，下卷论述士人世事。对于此书，《四库全书总目提要》点评称：此书名牖景者，盖取北人读书如显处视月，南人读书如牖中窥日意也。中多杂论世事，故与所作语录别为一书。中多笃实切近之论，而伤于拘迂者亦颇有之。如谓杜甫诗“厚禄故人书断绝，恒饥稚子色凄凉”，不如明道程子诗“陋巷一生颜氏乐，清风千古伯夷贫”。谓宋之问（案：此苏味道诗，三重误以为之问诗）《上元夜》诗：“火树银花合，星桥铁锁开，游妓皆秾李，行歌尽落梅。”三代盛王之时恐无此俗，《国风·雅颂》之什亦无此言；谓杜甫《黄四娘家花满溪》一首为不轨于名教，皆不能谓之无理。然事事操此论以往，其势未有不窒碍者也。

徐三重在讲学中，还注重点评古人为人处事之得失，后来将相关讲学语录编辑成《读史余言》二卷。对于此书，《四库全书总目提要》点评称：是编乃其语录之一种，皆衡论古人得失，与发挥理气性命者有异，故以《馀言》为名。所评上起唐尧，下迄宋末，大抵儒者之常谈。然尚无讲学家不情之苛议。

由于徐三重毕生勤于笔耕，又善于汇编，因此著作颇丰，流传广泛，影响深远。据史料记载，他先后著有《家则》四卷、《野志》十六篇、《兰芳录》二卷、《采芹录》四卷、《牖景录》二卷、《读史余言》二卷、《言古余论》（一作《信古余论》或《别录》）八卷、《鸿州杂著》八卷、《史记通表》二卷、《历代甲子》二卷、《灌园谱》二卷，以及《易义》《陷阱篇》《天真斋草》《山斋幽事》《卫生录》《庸斋日记》《斋居寤志》《郡杂摘》《杂志》《刑诫》《政要》等各一卷，合计有二十多种四十六卷。其中，《家则》一卷、《野志》一卷、《采芹录》、《兰芳录》、《牖景录》、《读史余言》等被收入《景印文渊阁四库全书》，《言古余论》被收入《续修四库全书》，成为传世名篇。

同代学者称其“所著诸书，皆关人心世道，其论学则力挽后世虚旷之误，必以考亭为的，故晚岁自称崇晦老人”。“偶有怀感，又复拈韵命篇，不假思索而斐亹（文采绚丽）有致，可读更可传也。”为此，人们都称他为“江南大儒”，学界则以“鸿洲先生”尊称。

徐三重之子徐祯稷（1575—1645），字叔开，号厚源。二十三岁应乡试，因身体欠佳未酬。后益致力于窗课，考究于科文策论，卓然于同窗。万历二十八年（1600）再赴南京，酬志中举。万历二十九年（1601）中进士，出任夔州知守。

徐祯稷题诗

徐祯稷与父亲一样被朝廷任命为刑部主事。经多次升迁，出任四川按察使副使。在四川为官多年，百姓称赞其施政如清风宜人，雅称“徐公风”。因父亲年老，他调回家乡以便就近奉养，又看到朝政黑暗，便以有病为由，辞官返乡，过着恬淡的隐居生活，以名德重于江南。享年七十岁。一生好诗，吟咏明志或关心民情，或咏蜀中风物山水，首以千计。著有《耻言》《明善堂诗稿》等流传于世。

今日徐家弄

重修七宝教寺

徐三重返乡之后，在七宝镇上又守望了三十八年。彼时，虽说已显示出“巨镇”风貌，其实并非处处尽如人意，何况贫富不均，新旧交杂，公益缺失。因此，徐三重未曾为故乡高唱赞歌，而是默默地关注着家园的不尽人意之处。

徐三重一家，居住在北镇北大街徐家弄内。他用心复兴祖父创办的徐氏义塾，延请馆师，让族中子女和乡邻贫寒子弟能就近读书。

北镇东街中市蒲汇塘北岸跨北横沥口，有一座兴圣桥，俗称“庙桥”，始建于天启年间，桥面上建有一座关帝庙，庙底临河，俗称“无底关王庙”，此时已较残破。徐三重便率众捐资，主持重修。

七宝教寺于成化十九年（1483）重修后，历经百年岁月，也已经显露出破旧的模样。

万历十三年（1585），徐三重动员乡人筹资修建七宝教寺，使古刹重现辉煌。在徐三重的推动下，首先重建教寺山门，并正对北大街，令人耳目一新。

同年，寺僧承业又募修教寺大殿，并于寺前开挖香花浜，引横沥水绕寺，建东、中、西三座“香花桥”。

万历十八年（1590），寺僧惠能倡议，镇民捐资千金，重修大雄宝殿。大雄宝殿东西伴额为“蓬莱仙境”（赵孟頫书）和“西天真域”（董其昌书）。

就此，七宝教寺占地达到两万六千余平方米，另有寺河约四千余平方米，有各种建筑千余间，有大雄宝殿、弥陀殿、财神殿、钟鼓楼、山门等，辟有荷花池、竹林、梅园以及正在衰朽的五代桧、罗汉松等名贵树木。这一番建设，使七宝镇的格局展现出一派新气象。

七宝寺万历铜钟现状

这一年孟夏时节，年已七十三岁的王会应徐三重之邀撰写《重修大雄宝殿碑》。王会称“溯其创始之代，邈不可稽矣”，可知其从吴淞江迁徙至本地。

王会意犹未尽，又撰写了一篇《重修七宝教寺记》，生动形象地描述了当时教寺内大雄宝殿、僧人精舍、画轿石径、花堤烟柳的壮观景象。全文如下：

> 寺据七宝蒲汇塘之北，去青浦五十四里，巍然为邑之名刹。闾井棋列于前，梵宇环抱于后，如锦屏幛然。堪舆家谓一镇之形势，所系于寺甚重，陶朱辐辏，素封之家，栋瓦相邻次。章缝题雁，后先种种。迄今名臣大儒，照耀中外，称臣镇焉。说者谓，非寺，则绝无锁钥。原其始，肇于晋，徙于唐末、五代，大创于宋之祥符，而址即张泽之故居，为伽蓝于今者也。殿之四隅，则画桥石径，花堤烟柳，而僧人精舍则隐隐出没于苍松翠竹间。池云萝月，往往游人骚客，诗歌琴箫，与晨昏钟鼓交错而迭应。又其外环以流泉，隔以万树，丛阴浓郁，若别是洞天。寺亦一奇观也。

万历三十一年（1603），在南京倡缘善信吴桐的推动下，七宝教寺云台殿在北镇东街市梢建成，“其周旁垣墙及山门僧室，俟继起者踵而成”。腊月，立《七宝寺云台殿记碑》。

七宝教寺重建后，展现壮观景象。被后人叫作“大寺场”或“大操场”的地方，是七宝教寺西部的园林区，当年树木扶疏，碑碣林立，有众多名人雅士在此留下了诗文和踪迹。

七宝教寺原址位置示意图

“飞来佛”传奇

七宝南镇东圣堂内有一座“飞来佛”，故东圣堂也俗称“铁佛寺”。

“飞来佛”来得神奇，自古被乡人传为“七宝之一宝”。民间相传，早在七宝教寺建寺之初，本地区曾经连续落了七天七夜的暴雨，以至河水猛涨，天昏地暗。第七天午夜时分，突然轰隆隆惊雷滚滚，一道金光划破夜空，天上一物随之飞降而下，同时，护寺河中浮起一物，氽到香花桥畔。清晨时，雨霁天晴，百鸟欢唱，乡民们纷纷赶来观看。只见七宝教寺广场上多了一尊高达丈余的铁佛，人们惊呼“飞来佛”，又见护寺河中多了一只巨钟，人们惊叹“氽来钟”。于是，人们将“氽来钟”安放在七宝寺内，“飞来佛”安放在南镇东圣堂内。

这是美妙的传说，但事出有因。七宝寺内的巨钟，当年是用船只经水道运来安放的，自然可称“氽来钟”。那东圣堂的铁佛，是如何“飞”来安放的呢?

东圣堂在南东街，与七宝教寺南北相望，故又名“南七宝寺”。《松江府志》称其始建于元至正年间，而清光绪《青浦县志》说是建于宋大中祥符元年（1008）。

明万历二十三年（1595），徐三重的伯父徐泮等信众合力用铁铸造了一尊如来佛像，高有丈许，重达千斤。可是，铁佛铸成之后，因重量太大，一时搬不动，难以安放进现有佛堂。为此，只能就地再建造一座佛殿。动工之前，先用木板将铁佛封围保护起来，待佛殿造好之后再拆围亮相。乡人不知其中奥妙，只是眼看佛殿平地而起，匆匆竣工，却从未见到迎送佛像的举动，而待等佛殿开门迎客时，发现铁佛在一夜之间已经端坐在位，都以为那是昨夜天外飞来的。于是，人人都称这座铁佛是“飞来佛”，

飞来佛

因此香火特别旺盛。

万历二十五年（1597）七月，徐泮看到父亲于嘉靖十二年（1533）资助营建的七宝教寺殿宇内，长明灯火昼夜不绝已有六十多年，感到十分欣慰。同时，他又生怕往后因灯火无资，后人难继，便自愿捐献自家田租，供奉佛灯长明，为此，他还在七宝教寺内勒石设立《灯油记略碑》。碑文如下：

本镇信民徐泮，有先父敕赠保定左卫经历徐寿，存日念三官大帝荫功庇世，于嘉靖十二年间，发心营建殿宇，绘塑圣像，随点长明灯一盏，昼夜不绝。嗣泮缵绪，言念先德，不敢隳弃，遵行如故，盖六十有余载矣。窃恐灯火无资，后人难继，今愿舍自置本区七图原额田七亩，该租米六石；又五图原额田一十五亩七分，该租米一十一石七斗六升。通二处，共名田二十二亩七分，共租十七石七斗六升，完粮之外，岁供庙用。尚有余资，供真武神前灯油每月六斤，三茅真君灯油每月二斤，武圣灯油每月二斤，又岁给僧道点灯米一石。年荒量减，余供差使。立碑勒石，永垂不朽。祖创孙承，长守勿替。祈求一念精诚，潜通元造，躬荷胡

考之休，代赝昌炽之福。

万历二十五年七月日　保定左卫经历徐泮记

徐三重一向独尊儒学，对佛教徒的思维方式、价值观念及生活行为等不感兴趣，但是他对伯父十分敬重，理解伯父的心愿。尽管徐泮的晚年生活极为清苦和孤单，但由于得到徐三重的真诚关照，他能够衣食无忧，尽兴行善，活到七十多岁。

东圣堂旧貌

解元吕克孝

吕克孝（1562—1627），字公源，明代北大街徐家弄人。父亲吕锦，曾担任金华府通判。

万历二十五年（1597），年已三十五岁的吕克孝参加南京应天府乡试，在数千名江南学子的角逐中，一举夺魁，以《诗经》中第一名（即解元）。

这一年乡试中，徐光启夺得北京顺天府解元，他与吕克孝同乡又同龄。于是，“松郡两解元”名噪南北，成为一时佳话。

吕克孝返乡后，族人在徐家弄内大兴土木，建造了一座颇具规模的厅堂，人称“解元厅”。

谁料，吕克孝此后一再赴北京考进士，却接连落第，无奈在家乡寂寞地生活了二十年。

乡居期间，他对仕途丧失了信心，把兴趣转向诗文和书法。且耕且读，以诗酒自娱，辑成《拙句录》。

他关心民生，熟悉农桑，但情绪黯淡，郁郁寡欢。撰《过田叟》诗云：

我欲驱黄犊，移家傍屋东。
但容茅盖顶，先为筑牛宫。

他仗义执言，慷慨陈词，称那些为富不仁者为“国蠹”“民蟊”，建议朝廷应该采取措施，抑制和打击他们。

万历四十五年（1617），五十五岁的吕克孝前往苏北如皋出任县学教谕。县令李廷材委他负责纂修《如皋县志》。《如皋县志》十卷，始修于万历四十三年，成书于万历四十八年。

万历末年，吕克孝应招进京，担任国子监助教。不久，他的恩师朱国祚、叶向高先后入阁为相，同乡好友徐光启、董其昌等也被召进京为官。当时，有东林党人为宣传政治主张，在京城宣武门内创建了首善书院，请叶向高撰写《首善书院记》，并由吕克孝摹集唐书法家李邕书迹刻石立碑。

天启初年，吕克孝被提升为工部营缮司郎中（正五品）。

天启三年（1623），吕克孝被阉党贬官至湖北，调任荆州关税。他以清廉闻名，“所处号沃饶，而清操尤励”。

天启四年（1624），魏忠贤阉党大规模迫害东林党人，形势骤变。天启五年（1625），阉党得势，叶向高被迫退休，首善书院被砸，大批东林党人遭逮捕，被虐杀。

消息传到荆州，吕克孝涕泪纵横。同时，魏忠贤让人传话给他，表示如能用重金来通融，可免除一切灾祸。然而，吕克孝回答说，除俸禄外，我身无余财；就是有，也以贿赂为耻。阉党为此大怒，以犯上的莫须有罪名，抄没了他所有的家产，将他遣返回乡。

吕克孝含冤回到七宝，贫穷落拓，老病交加，心情更为忧愤，曾有“客归三日典春衣”之叹。令他暖心的是，徐光启、董其昌、陈继儒等老友不时相聚松江府，诗酒唱酬，有时也周济他，稍解他的忧愤困顿。他有一首五言律诗《青溪道中有怀》，展示了当时的心境：

落日含山影，轻寒织水纹。
风危乌柏树，棹引白鸥群。
村暝烟俱起，溪回径欲分。
不堪高雁度，凄怆赋停云。

吕克孝蹲在家乡的田畴陇间，细观农家的四季轮转，心情慢慢平静下来，便用竹枝词的形式，写下了《田家月令十二首》。

天启七年（1627），恶贯满盈的魏忠贤被继位的明崇祯帝逐出京城，东林党人冤案昭雪。吕克孝得知此事时，已病重难起。入秋后，他无憾去世，卒年六十五岁。著有《中台集》《愧翁诗草》。

吕克孝的书法以王羲之和李邕为师。上海博物馆收藏有吕克孝的一幅手迹，可见其书法清丽遒劲。

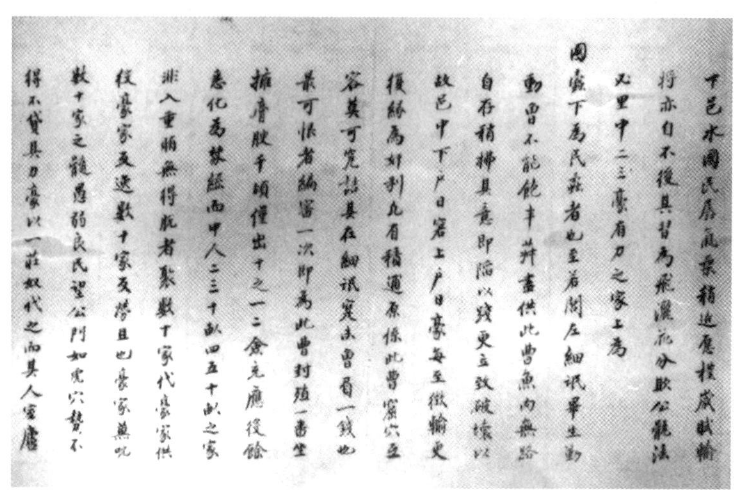
十邑水國民屬氣粟積迨應撥歲賦輸
將亦自不復具習為飛灑詭分欺公聽法
必里中二三豪有力之家上為
國家下為民蠹者也至若閘左細訊畢生勤
動曾不能飽半菽盡供此曹魚肉無路
自存積擲其意即陷以殘更立致破壞以
故邑中下戶日窘上戶日豪每至徵輸吏
復緣為奸利凡有積逋原係此曹竊穴並
容莫可究詰其在細訊寔未曾看一錢也
最可恨者編審一次即為此曹封殖一番坐
擁膏腴千頃僅出十之一二僉充應役餘
悉化為黠繇而中人二三十畝四五十畝之家
非入重賦無得脫者聚數十家代豪家供
役豪家反逐數十家反勞且也豪家蕪吮
數十家之髓愚弱良民望公門如虎穴勢不
得不質其身豪以一莊奴代之而其人寔唐

吕克孝手迹

徐家弄内的吕克孝故居“解元厅”，现存房屋三间，面南而筑，楠木梁、檩、椽、柱，跨海雕刻粗犷遒劲。

“解元厅”今貌

三县交界，五方杂处

三县交界地

明代时，乡人对七宝镇的地域划分基本明确为东到横泾（今新泾港），西到小涞港，北到观音堂（今沪青平公路），南到顾司徒庙（今顾戴路）。

嘉靖二十一年（1542），松江府增建青浦县，七宝北镇随之由华亭县划归青浦县。由此，七宝镇区成为青浦、华亭、上海三县交界之地，八面来风，四方客流，促进了商贸交易和人际交往，老街日趋繁荣。

七宝老街就此成为江、浙两省与上海间棉、布、粮、油集散地。酒肆、茶楼、寓房乃至银楼、典当遍布全镇，镇民经商蔚然成风，大街小巷无家不店。

清道光《蒲溪小志》记载："自蒲汇塘桥南堍栅楼起，至南尽处，曰南大街。商贾贸易，悉开店肆，约长二百步有零"，"自蒲汇塘桥北堍栅楼起，至北栅镇安桥止，曰北大街，悉开杏铺，生产贸易之处约长二百步"。"东街，又名纺车街，以此街中人多制纺车售卖也。其长约三百余步"。

从万历初年（1573）至末年（1620）的四十八年间，这里经济社会的格局迅速地发生了重大变化。万历《青浦县志》称七宝镇"居民繁庶，商贾骈集，文儒辈出，盖邑之巨镇"。王会《重修七宝教寺记》中，有"闾井碁列于前，梵宇环抱于后"，"陶朱辐辏，素封之家，栋甍相鳞次……称巨镇焉"之描述。

大街小巷

七宝镇区的基本格局，形成于北宋时期。江南市镇街市建筑大多傍河道而建，按自然成形。而七宝老街自明代起即形制规整，呈棋盘格，方正、对称，以蒲汇塘为东西横轴线，以蒲汇塘桥为中轴，南北七宝寺为两端，南、北大街长五百余步，与蒲汇塘纵向交错，两侧又伸出街巷，成“非”字形。

沿蒲汇塘和横沥泾的房屋，门前临街，后廊吊脚立于河滩，有石阶直达水面，俗称“后水阁”“吊脚楼”。

南北大街为镇区中轴线，以蒲汇塘为腹地横界，以横沥泾为东部边线。北大街长约三百步，南大街长约两百步，沿街悉开店铺。行商坐贾形成了前店后宅、前店后房、上宅下店的格局。沿蒲汇塘两岸北东、北西、南东、南西四条街，沿河而建有店铺或民居。

与蒲汇塘平行的有众多街巷，塘北有青年路、北东街（又称“北东塘滩”）、北西街（北西塘滩）及杨家弄、徐家弄等，塘南有南东街（南东塘滩）、南西街（南西塘滩），典当街（今富强街）等。镇区西南部以浴堂街与南街为轴，形成又一片街区。

早年，老街逼仄狭长，由板条石和砖铺成，两侧建筑屋檐相吸，对街的门窗近在咫尺间，人们几乎伸手可握，挺身可越。与南北大街相沟通的是一条又一条小巷（本地称“弄堂”），形似条百脚虫。

小巷大多只是大屋高墙之间的夹缝，弯曲的走势，清冷的氛围，凹凸的砖地，斑驳的粉墙，似乎有点神秘。弄堂内，时有精巧的垂花门斗，多姿的瓦砌花窗，又透出几分诱惑。那弄堂的名称，机趣地点穿了其中的内容。如徐家弄、杨家弄、鲍家弄、周家弄、姜家弄、唐家弄和沈家弄之类，标明了主人家族的世袭领地；竹行弄、博古（北固）弄、油篰弄，则尤如最有效的商业广告；而原名周家弄的沟水弄，曾被戏称“狗屎弄”，十分形象地表明了它在七宝人心中的地位。

端午赛龙舟

每逢农历五月初五端午节，本地风行“蒲汇塘赛龙舟”的习俗，从明嘉靖、万历年间起始，一直延续到清道光年间。

届时，南镇与北镇商界各自出动一艘龙舟，在蒲汇塘上竞渡，引来万众观看。《蒲溪小志》记载着当时的盛况：“是日，观龙舟竞渡于蒲汇塘。龙舟南北各一。旧时旗伞皆细绢为之，今则易以大呢顾绣，五彩耀目，每舟费以千计。并有刀枪武艺之徒，乘舟舞弄，曰快船。又有学习丝竹管弦之辈，乘大船，结灯彩，吹弹鼓唱，曰清客船。观聚者动以万计。”

穆斯林人家

元朝至正年间，伊斯兰教传入上海地区，松江城里建起了第一座清真寺。明万历年间，先后有十几户穆斯林人家在七宝地区落户。

明末，在七宝教寺大寺场西北已有近七百平方米的回民殡葬地，中间有条小溪，当地人称其为“回回浜”。

清嘉庆年间，“镇中回回教人建清真寺于南街王家场”（当时称“真教祠”或“回回堂”），俗称“礼拜堂”。

同治年间，经历咸丰兵灾，王家场的清真寺已颓败不堪。镇中穆斯林遂将清真寺产业变卖，另迁到北镇的“白场浪”，借民居礼拜讲经，“清真寺”得以延续。因回民大多姓马，这里的回民聚居处人称“马家池”。

到了清末，七宝地区的清真寺活动逐渐冷落。

古桧树下

徐三重返乡之后，居住在七宝镇北大街前，宅内建有宾善堂，旧屋数楹，但并不算宽敞。

在京城为官三年，徐三重目睹众多世间善恶，又亲历各种人情冷暖，使他对于为人处世有了更加坚定的信念。如今，尽管身处乡间，他依然注意平日居家的操行，讲究言行谨慎，尽力扫除本地风俗中那些追求豪华奢侈、社会风气浮薄的习气。

徐三重经常叮嘱家人说："凡事莫逃于理。人苟据理以论事，鲜有为所蔽者。"

七宝教寺山门前面，有一株古桧树，相传植于五代时期，乡人称之为罗汉松，树围粗有五六人合抱，树荫可覆盖几亩地，旁有一棵女贞，一棵桑树，也大有丈许，茂郁苍然，枝干奇古。如此奇观，享誉四方，令七宝人引以为豪。

这一年开春时节，乡间突然一阵哄传，说古桧树上出现"神火"，其大于斗，赤无焰，或上或上，或延行至里许。又说有人看到古桧树上突然冒出了一阵阵白气，定是有神在显灵。人们议论纷纷，主张赶紧在此建个庙宇。

三四天之后，又有奇闻四传，说古桧树上有个人，被神缚住而显灵了。又传说任何人只要报上姓名，就可晓示祸福。人们惊奇不已，争相前去观看，前呼后拥，七宝教寺山门前被挤得水泄不通。

正巧，徐三重闻此传言，认为这不合常理，愚昧可笑。他吩咐乡邻，先将树上的人拖下来，再爬上去看个究竟。

可是，乡人个个错愕发呆，谁也不敢上前动手。

徐三重说："如果神能作祟，由我来担当，与大家无关。"说罢，叫仆人爬上树去牵住那人的衣裳，要将他揪下来。

树上的人一松手，顿时坠落在地。

乡人方才确信，那不是什么神灵，纷纷问他为何爬上树去？

那人只得如实说明："是王巫师叫我爬上去的，他答应让我天天饱食醉酒啊。"

乡人看到树穴之中，备有木屑、稻糠、花核、帛纸之类，约有二三斛，都已经烧化为半灰。人们顿时明白了，所谓显灵的"白气"原来都是

当地巫师王勤弄出来的。

巫师的花招全败露了，可惜古桧树心已经被烧焦了，这千年之木就此萎朽殆尽，殊可痛恨。

徐三重因此告诫乡人："凡遇不经之事，皆当持之以正，揆之以理，毋轻信妄述，因循附会也。"

一则民风传闻

清代华亭文士章有谟（字载谋）《景船斋杂记》一书中，记载着一则七宝民风传说：

明万历十年（1582）秋，七宝镇上有一位妇女，奉主母之命，持礼榼（盛酒或贮水的器具）走访亲故家。时逢酷暑，她走到半途中已浑身是汗，四顾并无行人，便来到河畔，解衣入水而浴。

谁料，突然来了个恶少年，嬉笑着抢其衣裤与礼榼，扬长而去。妇女惊惧不安，在水中号叫欲死。

幸有一位老农听到呼叫声，赶来探视。老农见女子处境尴尬，急忙安抚说："尔无恸，吾令老媪借尔衣。"转眼间，老农即叫妻子送来了衣裤，还伴同女子到其家中稍息。

老农问清事由，便知那恶少年是同村某人，立即赶往他家，数落其恶行。而恶少年不肯认错，还动手殴打老农。老农当场昏死，顿时惊动全村老少。

老农妻子闻讯奔出家中前去相救。

刚安心的女子闻讯不由大怒大愤："奈何以吾故而害及老人耶？"随即自缢。

老农妻子扶丈夫回到家中，见女子命已绝，骇且愤，也自缢。

老农醒来，不由仰天哀恸："吾何以生为？"

乡邻们赶来安慰劝解。忽然间，风雷大作，闪电当即将恶少年击毙，而女子和老农妻子霍然起身，宛如一场梦境，乡人称奇。

乱世袭来，一镇三治

风云变幻

明崇祯十七年（1644）春，农民起义军一举攻占北京城，闯王李自成自称帝王。崇祯皇帝自缢，明皇朝就此崩溃。清军趁机入主中原，定北京为“大清”新都城。

清顺治元年（1644）入秋之后，清军计划长驱南下，江南危急，人心不安。

天下连年兵荒马乱，地处三县交界之地的七宝镇区亦不得安宁，各色人群来来往往，各路盗贼兴风作浪，以往繁荣而有序的生活被破坏了，这里难以成为乱世避风塘。为了御敌防盗，七宝乡人紧急行动，匆匆在镇上各街口设卡，称其为“栅口”。设卡处建双扇大栅门，高大厚实，装有铁栅条和门钉。

南北大街进口和塘桥南北两端的栅门之上，建造了跨街的栅楼，成为全镇制高点。北栅口的栅楼上，还建有财神祠。

各处栅口大门每日晨开夜闭。各处栅楼上，常年有人值班管理栅门，兼司看更报时，以保老街安全。

这些栅口设施大多使用到抗战以前，有的保留到二十世纪五十年代，至今留下了“北栅口”“南栅口”“东栅桥”等地名。

步入清代

清顺治二年（1645）五月，骁勇善战的清军攻破苏州，松江府知府

闻讯弃印而逃。在闰六月的酷暑之中，抗清明军和义军迎战清军。八月初三，青浦县城、松江府城先后失守，清军大肆抢劫，疯狂报复。

世道日趋发生巨变，人心动荡。被胜利冲昏头脑的清军残暴地推行剃发政策，以“留头不留发，留发不留头”为口号的高压政策空前罕见。一切似乎都得“改天换地”。

《蒲溪小志》记载：入清后，“镇设文武两官两员。以司治之，并有营房营汛防守”。

七宝镇区界连三县，各自行政。华亭县衙派出切顺等牙役坐镇七宝，凡属官府者过往，需雇募夫马迎接。然而，牙役时常擅自混派水夫、马草，以至乡民“粉骨难支”，怨愤四起。清顺治十一年（1654），三十五保一区八、九图乡民为此联名上告。结果，华亭县衙不得在七宝镇南城隍庙内立《华亭县奉宪严禁牙役混派滋扰碑》。

此时，晚年归居七宝镇上的前朝刑部尚书王庭梅，一向痛恨官场腐败现象，眼见家乡“十年来民兴孔亟，羽书星下，盐铁往来，无有宁岁。又掾吏肥壑，越例加额，每发一纸，必硃鲜墨厚；起召人夫，广至五六十名。差隶捧檄先驰，捕官乘势恫喝；行帐马厂，营于瞬息；随索金钱，口称送官常例。或水路长征，更有舡头、水手，挟舆皂而至，鞭殴凌辱，狐假万状；若至暮夜停泊，如支更、守宿，百计需索。督责无所不及，民命伤残极矣”。他“目击心伤，虑患倍切”，愤然挥笔撰写《宪禁越例扰民永遵恪守记》，将七宝地区的困境直言上告。松江府“越例扰民”现象终于得到朝廷的重视，下令禁止。顺治十二年（1655）四月，松江府衙不得不在府城隍庙内立《宪禁越例扰民永遵恪守记碑》，以求稳定人心。乡人对王庭梅的正义之举历代赞颂。

顺治十四年（1657），华亭知县张超（字伯年，浙江桐乡人）上任后，即到七宝镇区实地巡视，并夜宿七宝教寺僧楼，不由感叹良多，便挥笔撰诗云：

危楼百尺倚遥天，堤柳依依似昨年。

忙里久忘心已痒，闲中始觉懒须眠。
海云静看离还合，山鸟徐听往复旋。
解脱莫论参大觉，暂时物外尽悠然。

直到康熙年间，本地社会治理逐步得以改善。康熙二十二年（1683），七宝教寺内立起《松江府奉宪严禁脚夫霸横扰民碑》。康熙四十一年（1702）三月，七宝镇士民又立《松江府永禁地棍恃强为害告示碑》。

乾隆十年（1745），江苏巡抚大臣陈大受（字占咸，号可斋）下令青浦县丞移驻七宝镇，以资弹压。县丞在此并无官署，虽然以民舍为居，但是在乡人眼中毕竟看到了官威。

随着人文环境趋于平静，七宝老街的经贸重新活跃起来，经济社会得以发展，地区人口随之大增，逐步再现盛世风光。

一镇三治

清嘉庆十年（1805），松江府设娄县。随之，蒲汇塘南由华亭县改属娄县（1912 年废松江府，华亭、娄县合并为华亭县。1914 年改称“松江县”）。就此，七宝镇区形成“一镇三县分治”的局面，以蒲汇塘为界，南部归娄县华亭乡三十五保一区，东面仍属上海县。七宝镇区向为赋税倚重之地，《蒲溪小志》称：“田赋百万，非一令所能经理。”三县分治后，各收赋税，有利也有弊。

嘉庆年间，驻守七宝镇的新任巡检黄文华（四川人）自捐俸银，在地方绅衿的帮助下，在七宝南镇南街西隅购得房舍一所，经过装修，成为青浦县丞官署。前大门三楹，中为大堂，楼上为上房，后宅有厅事，取名“怡清堂”。黄文华居官公正，在镇四五年，兴利除弊，店肆再无地棍索诈，街坊再无酒徒骂詈，赌博打降、私宰耕牛及演花鼓戏等得以严禁。

如此三县分治，使七宝镇区长期处于特殊的格局之中，从而形成本地新的风俗。《蒲溪小志》称：“吾镇三邑接壤，而语音自分，属娄、属上、

属青，总不相混。”而每逢迎神、灯会、舞龙灯、赛龙舟、斗黄腾等民俗活动时，南镇与北镇往往会展开激烈的竞争。

乡情民风之变

《蒲溪小志》“风俗”篇那些记载发人深省，令人回味：“七宝僻在东南，自成市镇，士习诗书、农勤耕织；百工商贾，各务本业，安分守己。”“俗尚诗书，人知敬长。子弟误入下流，为父兄者率能训诫。镇小民贫，无土豪把持乡曲。而居市廛者但知利己，猜忌随之，故不甚相协。”

观风问俗，可知一地人心邪正和世道盛衰。按《蒲溪小志》所述，可见当时的七宝虽镇小民贫，僻在东南，但在徐三重们的影响下，长期以来俗尚诗书，人知敬长。在这弹丸之地，农民、工匠、商人各以类聚，相安无事。唯有“居市廛者”即镇上经商者只知利己，互相猜疑，难以同心协力。

然而，入清以后的近二百年间，这里的乡风发生了种种变化。令人不安的是，当年流行的儒家传统大多丢失了，而那些不敢张扬的陋习却大行其道，甚至泛滥了。

《蒲溪小志》描述了道光年间七宝镇上的一些不良现象：

> 俗尚吝惜。一切吊庆往来俱从简省，犹云可也。独于子弟出外就傅，据近时而论，于束修一事吝惜更甚，故子弟之成就者卒鲜。惟一涉讼事，则愚者不惜多费，财竭乃止。
>
> 俗信巫鬼，重淫祀。患病用巫者（俗称“太保”）祷神，名献菩萨。或至病革，其亲邻辄醵办牲醴纸烛之属，诣神庙聚拜，巫为祈祝，是名保福。更有谬为欺众者，曰捉生替代，荒唐已极，有识者必不为之。
>
> 巫固不禁，而有干禁例害人尤甚者，莫如师娘（俗呼“双仙神”），而近时更多。动辄令病家一同至松郡照天侯庙祷告，曰

“分雪”，彼则于中取利。轻则用巫者，甚则信口胡说，或云病者星宿不利，用道士镶星；或云亡人讨荐度，用僧人超度。而彼又于僧道处分其余资。病家信以为真，竭力为之，费以几十金。及至病卒不起，送终不能尽礼，良可哀也。更有可恶者，有必须服药之症，漫云不必服药，迨至病急，虽遇良医亦为束手。诬世害人，莫此为甚，而无如习俗之终不悟也。

俗尚骄奢。婚嫁宴会率尚靡丽，殷实之家华于服御。转辗沿习，小户效之。往往有乡村农妇，簪必金珰，衣必锦绣，时当嫁娶，笙鼓细乐，宴饮累日。问其职不过一生监，而于婚娶之时，鸣金开道，甚至白丁而有钱者亦如之。则奢也而近于僭矣，不特可笑，抑亦可耻之甚也。

俗遇祭祀，率从苟简，而于凶事辄多繁费。入殓必用鼓吹、炮手、僧道，出殡及葬亦如之。死后逢七日及回殃，则富家建置道场。葬事亦然。所以余费浮于正费。惟在有识者子有以渐返之耳。

俗至秋深则斗蟋蟀，冬令则把鹌鹑，借兹挥金博彩，以争胜负。凡此皆游手之所为也。

而这些不良风气，正是徐三重世家极力抵制的陋习。

步入清代，徐氏家族已显家道中落，徐氏后人随之沉寂。距徐三重去世二百年之后，徐氏家族昔日的风光不再，《家则》《耻言》等提倡的风俗不再受推崇，连德高望重的徐寿、徐三重之辈也逐渐被乡人淡忘。于是，七宝镇上民风大变。

以往乡风淳厚，涌现不少殷实人家，代代相传而不衰。而今即使有富户，却不再传代而破败。究其原因，以往那些大户人家坚守家业，又能诗书传家，严教子孙。而今富家盘剥他人，苛刻行事，疏于家教，造就纨绔子弟，势必破败。

先辈崇尚礼仪，出门入户必定衣冠端正。而今不再注重礼仪，连读书

人也“短衣造门，免冠见客”。

丧葬人家大多本末倒置，有意将棺木变简陋了，而道场变铺张，丧宴变隆重，丧事当成喜事办。

以往办婚事也俭朴，当今殷实人家显摆奢侈，平民百姓也纷纷仿效，甚至争索聘礼。

不良之徒前来开设摇摊抽头，使赌博之风在七宝逐渐漫延。

世道真的变了。

本地棉布享盛誉

稀布号称“七宝尖”

上海县是元代棉纺织革新家的黄道婆的故乡，有“衣被天下”之称。明清时期，本地农民大多以植棉为主，并以土布纺织为主要副业，以补耕种之不足。七宝地区明代已盛产棉布，而棉纺织业的兴起，直接促成七宝地区的超常发展。

本地农田多系旱田，不宜栽种水稻，所以十之六七种植棉花，品种多为优质白花。《蒲溪小志》称：七宝四乡“大熟所种，花居大半，豆次之，种稻者十不得一”。“吾乡所种者皆白色。以供纺织，且资远贩，公私赖之。”明万历解元吕克孝的《田家月令》记载了这样一幅图景：

七月松江风渐凉，棉花雪白稻花香。
街头点火收官布，只说机梢要放长。

清季中叶，七宝地区的棉纺织业达到鼎盛时期。而松江府的赋税较其他州府为重，“田家收获，输官偿租外，未卒岁而室已空”，百姓只能依赖纺织度日，甚至到了“衣食全赖以出”的地步。所以，乡人“比户织作，昼夜不辍，乡镇皆为之。暮成匹布，晨易钱米，以资日用”。“俗务纺织，清晨抱布入市，易花、米以归，来日复抱布出。”天时和地利刺激了商品经济的初步发展，也促进了纺织水平的提高，七宝乡民能“一手捻三纱，以足运轮，人不劳而工自敏，较西乡为独异”，“织布者率日成一匹，其精敏者日可二匹。”自给自足小农经济生活状况，由此可见一斑。

农家自制的棉布，俗称“土布、老布”。当时，七宝及周边地区每年生产的棉布为数可观，而且质量高、品种多，有标布（又称“寸布”，俗称“大布”，上阔而下尖，仅七寸、九寸）、扣布（密而狭，俗称“小布”）、稀布（面幅比标布阔三四寸，每匹长二十三尺，阔一尺二寸）之分，其中以稀布最有名，又加之漂染技术也有独到之处，较之浦东稀布上浆要薄一些，尤为细洁、光滑，因而七宝乡人所织“龙稀布”品质精良成为抢手货，被誉为“七宝尖”（“尖”者，拔尖、冒尖）。清人张春华《沪城岁时衢歌》称：“布之精者为尖，有龙华尖、七宝尖名目。”其诗云：

晓市评量信手拈，廿三尺外向谁添。
关山路杳风声远，多少龙华七宝尖。

南东塘滩纺车街

七宝乡人制作的棉纺织工具也颇有声誉，远销省外。《蒲溪小志》记载：清道光年间，蒲汇塘南岸的南东塘滩“自东栅外过小石桥向东至东圣堂，即南七宝寺，又东至安平桥止，曰东街”，这里作坊集聚，专制棉纺织工具，因此“又名纺车街，以此街中人多制纺车售卖也，其长约三百余步”。此类作坊，本地俗称“椿杉作”（仅家庭人员）或“椿杉行”（兼收徒）。

本地所制三锭纺车，“以木为，有背有足，另刻木附于背上为插锭之颈，凿三孔焉，以受三锭，而设轮于背之中，以熟牛皮一条，俗呼皮弦者，环绕轮上，复以横木，名踏条者，尖其端。以贯轮之窍，以一端置车之足。纺者将两足于踏条上，抑扬运之。左手持条子三条，粘锭梢而牵引焉，右手持一短竹，俗呼押纱棒，将纱押附于锭”。

1935 年，上海市博物馆在江湾五角场筹建。次年秋，筹备主任徐蔚南（1900—1952）向七宝镇南东塘滩 37 号顺泰号椿杉行定制了从喂棉至出布全套棉纺织工具，计有轧车、弹花弓、弹花槌、钓花竹、团花凳、搓花盖与闩子、纺车、纺车锭、经车、糊盆、刷木帚、布机、布扣、梭子、布撑、括布刀、布夹等十七件。轧车、纺车、布机等大件由沈氏三兄弟选用上好木料精制，纺车大小按实样，布机按实样缩小一半。其余则由顺泰号请有专长的工匠制作或向民间收集，半月工竣。徐蔚南《上海棉布》一书有“上海棉布之纺织工具”一节，详载这套工具的外形、尺寸、用法。1937年初，上海市博物馆开馆时，上海土布与纺织工具独占了五十平方米的一间展厅。

当时，顺泰号椿杉行祖传已七八代，又由沈补生传给儿子沈永祥（人称大公公）、沈应昌（又名沈咸林，人称二公公）和沈应铨（又名沈金香，人称小公公）。三兄弟各有家室，共同经营，制品货真价实，深得乡人称道。

20世纪50年代初，沈氏三兄弟仍以木作为业，打水车，做榹头、板子，修船，兼制纺车。公私合营后，长兄沈永祥在家仍为上门求售者制作和修理纺车，直至1986年病故。

棉纱布集散地

明清时期，七宝镇区是江南重要的棉纺织品集散地，方圆十余里内农家所产布纱均在此交易。本地所产龙稀布和扣布，以青布、毛蓝布和双蓝布为大宗。南北商人携货前来，“徐售其货，徐收其布”。清代时，外省布商在七宝镇上设有收购点，远销山海关外东北诸省及陕西、山西等地。

经营棉花、棉布生意者有“布庄”“坐商”“行商”“牙行”“标客”等，形成本地棉纺织业。

本地棉布上市，通常在农闲时节，一般每年有两个峰期。上半年正月半后开市，清明节前后入旺时，谷雨后渐减少，立夏后停止。下半年中秋节后开市，重阳节入旺时，持续至除夕。

清道光二十六年（1846），洋布洋纱盛行，售价与土布相当，而门幅宽三倍。本地棉布产销业受冲击，土布市场急剧萎缩，七宝镇上的布纱商号纷纷转业，经济社会随之发生巨变。

拳师传奇

油篰弄武艺

清代中叶，七宝北镇油篰弄出过一名拳师，名叫王元法。他中等身材，脸黑如锅，自小练过各路拳派，深通“缩行倒退功”和“谷道功”（即提肛），在江湖上颇有名气。

油篰弄内设有拳桩、石担、沙袋、滚墩等练武器具。“串油篰”的人肩挑着油篰常年在外做生意，谁敢断定不发生意外？因此，油篰弄的老老少少都练就防身之术。

一天，三十余个油篰弄人结队到南翔镇去买竹子。踏进南翔地界，他们就闻听有人相邀“较量较量”，便来到练武场。

场上，七副石担已一字排开，油篰弄人不慌不忙，只当日常练武。身材短小的王永刚走到百把斤的石担旁，弯腰捏牢担杠，轻轻举起，连举五下，面不改色。彪形大汉王芝祥拣中一个石担，用左脚勾住担杠，往上轻轻一挑，将石担抛起一丈多高。

相邀“较量”的南翔人看呆了，只得甘拜下风，邀他们到茶楼酒肆去饮茶喝酒“交朋友”。

拳师王弼荣

七宝镇西盛家厍后面有个小宅基，名叫“小王家堂”，出过有名的拳教师王弼荣。他生于清乾隆年间，死在道光年间。

王弼荣出身贫困，生来就是龟肋鸡胸鹤背，五短身材，自小性格倔强。七八岁时，由一个挑篓捉鱼的老人收养，教他武艺功夫。八年后，王弼荣练就一身武功。

有一天，七宝镇上来了一个卖梨的外地人，不知何故，拖住小囡乱打。乡人忙请王弼荣出面制止。王弼荣手持板丝烟筒一边吃一边走，远远看见卖梨人还在打小囡，便一个腾步蹿到其背后，将吃烫了的烟筒头对准其“颈功门”一揿。卖梨人顿时周身酸麻，慌忙住手，收摊逃走。

待他走远后，王弼荣说：此人在江湖上留有恶名，这次来七宝，打小囡是假，寻我挑衅是真。他练的是“铁板武功”，此功必要用烫物才能破解。

南东街任氏兄弟

明末清初，七宝镇南东街住着两兄弟，老大任大麻，老二任二麻。两人是有名的大力士，为人正直，好打抱不平。

当时，七宝镇的黄鱼都是从乍浦地方进货。乍浦有个恶霸，用一只数百斤重的铁牛私设关卡，鱼贩们吃足苦头。大麻和二麻决意到乍浦去拜会他。

两兄弟来到恶霸私设的乍浦关卡，大麻箭步上前，用一只手就将铁牛凌空举起。恶霸不由大吃一惊，连连倒退。二麻趁势上前拦腰一抱，将恶霸像抛稻草人似的抛到河中。从此，这恶霸再也不敢向七宝的鱼贩们敲诈了。

夏家旗杆“夏八老”

七宝镇东南二百五十米处有一村宅，名叫“夏家旗杆”，清乾隆十五年（1750）出过“武举人”夏廷勋（字珍儒）。此人出身大户农家，上有七个兄长，他排行第八，人称“夏八老”。他十岁以后，经常舞枪弄棍，中武举人后，被派往山东当武官。

有一天，夏八老路遇一个“独脚强盗”。只见他骑着高头大马，手提一柄大铁伞，拦住去路喊：“夏八老，你若要经过此地，必须把我铁伞撑开，不然的话，留下买路钱。”夏八老接住铁伞，却用力也撑不开。强盗见了，哈哈大笑：“看来，你本事不过如此，还是换块地方去做你的官吧！”说毕，抽刀就劈。

两人大战不到十个回合，强盗的力气渐渐不济。夏八老卖个破绽，就势把强盗生擒活捉，押进城里囚牢。

夏八老剿盗有功，朝廷加封其为“保国将军”，钦赐锦旗归乡。“夏家旗杆”就此得名。

汪义劫富济贫

汪义，本名叫王宜，清乾隆年间人，出生在七宝镇北的王家角。他身材矮小，青皮硬骨。二十三岁时，到莘庄三茅殿去拜师学艺。几年下来，汪义无技不精。从此，身怀绝技的汪义劫富济贫，受到贫苦百姓的颂扬，尊他为“义贼”。

两件漕弊大案

乾隆年"一十六氏惨案"

清乾隆五十一年（1786），天灾岁荒，娄县乡人请求减征官粮。而娄县知县谢庭薰（字自南，又字兰谷，号韶庄，贵州贵阳人）依然逼征钱粮。

一天，十多个华亭乡三十五保十七图（七宝镇南郊，今属莘庄镇）乡民来到一区（习称"七宝区"）二十五图小涞朱家张宅（今属九亭镇兴联村），求见三十五保保正张超琪，说要到娄县县衙去请愿。

张超琪（约1740—1786，有史料称其名超麒）为人正直，很重视乡民的呼声，便率领他们赶到松江城，到娄县县衙门前请愿。知县谢庭薰蛮不讲理，当堂斥退张超琪等人。

张超琪不服，决意寻找实据，让知县"验土减银"。于是，他回家收集农田病禾和灾后瘠土，随后率乡民或手执病禾，或肩挑瘠土，执香而行，再次赶到娄县县衙。

知县早有防备，竟下令杖责驱逐乡民。张超琪面无惧色，率众抗议。衙役也不手软，挥杖乱打，竟然当场杖毙十多人。附近农民闻讯赶来增援，数百乡民围住县衙。

眼看事态扩大，知县迫不得已，只得当众验看病禾和瘠土，用秤称过，证实三十五保的泥土已经比别处轻半，灾情不容否认。于是，他答应盘龙塘河东乡民只征漕粮，免征白银。

知县被当众问责，失尽脸面，便怀恨在心，派人暗害张超琪。入冬一日，豪富九如堂张家嫁女，宴请乡邻，张超琪赴宴。衙役混入酒席，将张

超琪灌醉扶出，在竹林深处将“五扒头钉”钉入其头顶发辫中，并制造“醉酒跌死”的假像。

事件发生后，三十五保乡民愤起上告申冤，江南一片哗然，终于惊动朝廷。

乾隆五十三年（1788）八月，江南巡抚审结“七宝漕弊惨案”，匆匆调武进县丞杨世绶（字竹溪）到娄县任知县，并处罚了涉案官员。

次年，松江府奉宪优恤三十五保乡民，归葬张超琪等十六人，立“娄县三十五保一十六氏之墓”碑（位于莘庄庙泾桥北侧）。

据道光年间《孝惠公年谱》刻本（收入《上海图书馆藏珍本年谱丛刊》）记载，嘉庆十五年（1810），家住横塘河畔盛介巷（后称“冯家旗杆”）的冯以昌（1759—1827，字魏蕃，号吟秋，改号醒泉，私谥孝惠）创建“张公祠”。《孝惠公年谱》称“张公超麒，吾里二十五图人，乾隆五十一年以借支田赋一欵逼勒捐躯。里人陆公荧增等悯公死，感公德，即其家上‘舍生取义’额。后土人以三十五保未有土谷正神崇奉香火，公（冯以昌）于北横塘庙东偏建祠，俾全保士民得所瞻仰焉。”

另有记载称，“张公祠”内悬“舍生取义”匾额，匾题款“乾隆五十五年桂月，娄县三十五保十七图为二十五图荒区殉义之张超琪立”，由青浦人沈丹题并书。据当地老人称，北横塘庙围有红墙，有房三间，东屋为“张公祠”，供张超琪夫妇塑像，男头戴红缨帽，身穿蓝长袍，女头戴珠冠，身穿花布衫。二十世纪五十年代初，上海市文管会杨嘉佑等实地考察后撰文作了专记。

道光年“仓城血案”

清道光二十九年（1849）三月二十七日，因久旱无雨，七宝乡数百农民扶老携幼，来到娄县衙门前手持炷香，跪地报荒，请求减免漕价。知县陈嘉勋（道光二十八年十月到任，福建人）为征收棉税，信用漕胥赵静甫上门催逼，勒价征收，逼得灾民赶到县衙来论理。赵静甫是捕快赵三和之子，捐纳县丞，分发安徽却未赴职，为了贪揽本地征税大利，宁可舍官为胥。

时正值大雨，天色阴昏，数百农民在泥水中跪求，知县却只让十七人进入大堂。此时，赵静甫雇用仓内挑粮夫三百人，给钱二百文充当打手。赵静甫命令闭上县门大门，不让农民逃奔，打手们手持扁担，乱打在大堂的农民。知县慌忙喝止，十七人早已血流满堂。随后，赵静甫令打手追殴其他农民，以至当场有近百人毙命，伤者不计其数。

赵静甫自知事情闹大，便反诬乡民大闹公堂，并指责七宝学究汤姓为匪首。死者家属闻之大怒，上告省府、京城。

四月，娄县诸生叶兰（字佩之，号湘秋）以此案撰成《纪事新乐府十二章》，谴责官府。不数日，《纪事新乐府十二章》盛传江浙，影响甚大。知县官惶惶终日，不得不搬出仓城，借住民房。

血案发生时，松江知府也在城中，竟然不采取措施。后禀称“止以乡民图免钱粮，不服开导，恃众逞凶”，意图含混，避重就轻。

时任江南监察御史的吴若准（字子莱，号次平）察知此事后，立即上奏《请查办州县信任漕胥滋事疏》，在奏折中他详述事件经过，并对闹事的百姓表示同情，“江苏娄邑七宝地方，其乡种木棉，向完白银每两需三洋，后递加至三洋五角。若照近日洋价核计，数已有五千二百五十文之多。上年木棉被灾，收成不及四成。详请之荒，俱系漕胥私卖公荒之地，仍丝毫未免，而其白银每两欲加至四洋。时因荒歉，大半无力完纳”。他在最后写道：“如此荼毒民命，亟须彻底根究。应请饬交确查严办，务期水落石出，庶足以惩凶暴而重民生，为此恭摺具奏，伏乞皇上圣鉴。”

此案最终真相大白。经刚任两江总督的陆建瀛（字立夫）奏参，将娄县知县革职勒缉。赵静甫被捕下狱，后逃匿家中，终以恶疮溃烂而死。

娄县诸生叶兰撰《纪事新乐府十二章》，记录此案，全文如下：

> 娄县漕书赵静甫奸滑用事，善蔽官长。邑民田赋，阴受其害。父充捕快甚贫，静甫暴横致富，已退卯（按：指吏胥退役），

朦捐县佐，犹贪其利，阴为把持，致有七宝区之事。击毙十七人，实静甫一人主之，而优游事外，众愤焉。爰衍为新乐府十二章，以纪其实。

五五斛

仓城多月仓廒开，纷纷粮户担粮来。总书高踞众役侍，米千百袋如山堆。费足丑米佳，费缺佳米丑，吁嗟米不会张口。挑剔还经记书手，方深大斛四役扛，样盘另掣斗许强，部颁铁斛弃墙侧，备而不用犹饩羊。君不见十石卸成五石五，粮户吞声暗叫苦。

买加头

五五米卸斛挂筹，斛已足额添加头。加头之数不一定，四三五六唯所命。不须斛米但准钱，每一数加九百正。苟不承命即訾诃，前斛之米委逝波。更嗾豪差把人捉，不顾绅衿姿殴辱。松人善儒任荼毒，并米重完再加足。再加足，休延迟，通盘计算犹便宜。若使干包尽折色，钱十千余抵一石。

匿誊黄

圣恩宽大赦赋缗（按：赋税钱），布告天下咸使闻。省颁誊黄逮州县，嗟尔乡民未经见。乡民未见犹可言，可怜追比逾繁喧，雄鸭雌鸡短头布，不满豪差一人赂。扛签四出催完输，鬻儿卖屋纷无数。比及誊黄遍乡贴，小民无肉但存骨。

卖荒谣

偏灾流行无岁无，奈何据此为利图。买荒（按：旧指官吏趁荒年减免赋税之机，勒索贪污）变易荒与熟，权总恶书任翻覆。问渠荒价夫如何？石赋卖钱两贯多。呜呼！昔日之荒委天数，今日之荒只须做。彼真荒者无余钱，敲扑追呼向谁诉。荒赀所得非人官，私囊满购田盈千，田虽盈千赋不完，书田乐得逢荒年。

横加白

七宝区，尽荒瘠，不完粮，只完白。地少禾稻多木棉，雪朵盈枝幸堪摘。书言既免粮，其白价宜益。白银每钱钱五百，小民竭蹶勉俗亿。去年风雨嗟漂摇，花萁不满一寸高，已慨年荒忍寒冱，怎奈恶书更加赋。就令五百犹难供，况复益以一百铜，欲纳无赀但观望，罪以抗逋大惩创。悍役声嚣鸡犬愁，飞牌火急神魂丧。幸闻县主心慈仁，曷不匍匐往乞恩。

一炷香

香烟缭绕霏长途，鸠形鹄面同争趋。趋入县衙尽蒲伏，手持炷香踞地哭。是时县主西赴仓，肩舆丞返坐大堂。恶书闻之急呼众，各各持械潜周防。官问乡民尔何泣，诉言白价昂难纳，但求谕总减其半，三百一钱顾供给。县主闻诉心恻然，云当晓示安穷廛，书伺案旁兀无语，两目棱棱怒如虎。

白扁担

县主退，扁担来，恶书喝打声如雷，挑粮夫集如狼豺。白扁担长六七尺，上书挑夫姓名识，横捎直砍尽辟易，或析其胫或断脊。是时雨急天阴昏，县门坚闭难逃奔，一人洞垣首甫出，击脑浆迸身翻蹲。县主喝止喊声破，已见血流满堂涴。平明复报东门中，一尸碎膝仰街卧。

公堂尸

公堂公堂，今成北邙，积尸累累如群羊。一尸项肿色青紫，双眼睁睁噤牙齿。一尸瘦削微有须，腰围血渍红模糊。折臂一尸枕其股，双拳犹握断香炷。门侧一堆横八尸，盖以芦席形未知。阶下六尸亦盖席，席开略见妇人乌。呜呼，昨日堂下跪，今日堂下僵。瞥覩此状心摧伤。其余逃窜虽还乡，近日颇传多死亡。

城隍来

县场日暮风悲酸，吹人懔懔毛骨寒。昏黄月黑讼庭悄，墙角时闻鬼声啸。嘘嘘呷呷西复东，嘘嘘者雌呷呷雄。左右居人骇相警，行客闻之辄归病。冤氛惨结成阴霾，解禳特请城隍来。城隍之神正面直，肯享牲牷听驱斥。明灵不受权奸诬，再拜稽首无乃愚。为民则欺为鬼恐，恶书此时神亦悚。

一朝发

初为猾吏后蠹书，庸奴蕰利人不如。钱漕钩稽诸弊作，白镪累累入囊橐，食厌粱肉衣绫绘，居然族谱通簪缨。堂前宾客日满座，不是希颜即承唾。一朝骤富忘昔穷，只嗟不逮娱而翁。而翁往日饥寒急，一贯替人打三十。

窃名器

富则思贵人常情，其如例格不可行。娼优隶卒有明禁，若辈登仕羞冠缨。恶书自是好身手，接木移花掩先丑，入赀竟窃一命荣，贰尹头衔颇自负。起而攻者群纷纷，谓名与器难假人。郡庭学署有呈递，侧闻有客中调停。君不见灶下养，中郎将，烂羊头，关内侯，汉时流品已难别，而况夫夫会要结。

且弥逢

朝传省垣提总书，郡人或恐风闻虚。暮传省垣提总书，群言此孽应歼除。乃公自觉罪难逃，默数恶端早盈贯。且凭智计工弥逢，唯冀上台免提勘。书愁无贿难干情，我知有贿无路行。方今乌台明镜彻，讵容魑魅潜其形。呜呼，古人有一言，其理深且旨，千夫所指不病死，尔乎胡为不闻此。

原跋曰：浮收加赋，县主何以任其暴横，若是以初履任，弗能洞悉其弊。彼善蔽官长，则谓率由旧章耳。所谓清官难逃猾吏也。闻县主去任时，流涕语曰：一官不足惜，何以对此十七人耶？皆我误用人之过也。又曰：此诗传至都下，言官据此入奏，狱藉平反，赵书按问如律。众情称快。

第二章　老街海派味

北横沥阮家住宅

张充仁纪念馆

塘湾里来了西方传教士

徐光启邀约传教士

明万历二十一年（1593），上海人徐光启（1562—1633，字子先，号玄扈）受聘在广东韶州任教，偶然结识了西方传教士郭居静（1560—1640，号仰凰，意大利人），开始接触西方近代自然科学，深有好感。万历二十五年（1597），徐光启赴南京应试，本已落选，却被主考官焦竑（1540—1620）从落第卷中捡出，拔置第一名，中了举人。万历二十八年（1600），徐光启得知精通西洋自然科学的耶稣会会长利玛窦（1552—1610，号西泰，意大利人）正在南京传教，即专程前往拜访求教。此后经过三年的考虑，徐光启赴南京准备参加会试考进士期间，全家受洗加入天主教。

万历三十六年（1608），徐光启回乡为亡父守孝期间，邀请耶稣会意大利传教士郭居静到上海来传教。郭居静在徐光启旧居（今乔家路九间楼）西侧创建了圣母玛利亚祈祷所，是上海最早的私宅小堂。次年圣诞节，举行弥撒。

崇祯十年（1637），意大利传教士潘国光来上海，见小堂已不敷应用，便筹建新堂。嫁于豫园潘家的徐光启第四孙女（教名玛尔蒂纳）热心相助，将潘家旧宅中的世春堂改建为天主教堂（今黄浦区梧桐路137号），取名“敬一堂”，成为江南第一座天主教堂。

徐光启家族成员除了自身奉教之外，还积极通过婚姻、亲族、地缘等社会关系向周边乡民传播天主教信仰。其中，有一些是七宝人。

于是，西方传教士顺着蒲汇塘西行，来到七宝地区广泛传教。传教士不厌其烦，生动地讲解《圣经》里的故事，传授天堂与地狱的理念，得到不少乡民的认可。

明末清初，在七宝镇东北的塘湾里（今红明村顾家塘）、朱家巷和蒋家塘（今属红明村）、镇北的许家塘（今属号上村）出现了一批天主教信徒。这些地方，时属上海县高昌乡二十九保，均为普通乡村。

清顺治十五年（1658），嫁到松江府城内的徐光启孙女一心传教，在东门方塔附近捐建邱家湾耶稣圣心堂。七宝地区的信徒们成群结队地争相赶到松江城，前去做礼拜。

七宝人建堂

不料，到了康熙四十五年（1706），由于康熙皇帝与罗马教廷发生冲突，爆发“中西礼仪之争”，终致清廷颁布了禁止西洋天主教在华传播的命令。自康熙四十五年“禁教”至道光二十六年（1846）“开禁”，时达一百四十余年，上海天主教的传教活动因之长期陷入低迷状态。

然而，七宝地区的天主教信徒们竟然成了“异类”，非但礼拜活动没有停止，还暗中准备在当地筹建自己的“小教堂”。

也许，因为这里地处乡村，又是上海、松江、青浦三县交界地带，以致朝廷官府顾及不到。就在乾隆年间，七宝镇周边村宅中先后建成了塘湾里（后称“顾家塘”）天主教圣母无原罪始胎堂、朱家巷天主圣三堂、蒋家塘圣母七若堂、许家塘若瑟堂等四处宗教活动场所。尽管只是几间乡村平房，但均有礼拜设施，这种寺庙式的“堂”成了教徒们的精神家园。

到乾隆四十五年（1780），七宝镇东南（今九星村）又建成吴家弥额尔天神堂、阮家厍天主教若瑟堂。

这样的规模，在当时的上海地区是实属罕见的。尤其应当关注的是，徐家汇地区此时还尚无一座教堂，直至近一百年后才建有临时礼拜堂。乾隆元年（1736），浦南地区建成亭林十三保耶稣圣心堂（位于今金山区亭林镇红阳村），有三间平房。乾隆九年（1744），浦东地区建成张家楼耶

稣圣心堂，但仅此一处。因此，七宝镇周边村宅可以确认为上海最早的天主教堂集聚地。

嘉庆五年（1800），七宝镇西南的喻家巷（今属联明村）建成天主教若望尼多莫堂。

同时，一些本地年轻人不仅信教，而且热衷以此为业，成为教堂神职人员。

道光九年（1829），修道士吴雅阁（1794—1862，本地吴家堂人）在塘湾里天主教圣母无原罪始胎堂出任司铎，乡人称其为老神甫。受其影响，后来吴家堂又有吴简言（1860—1917）、吴道勋（生于1866年）、吴志仁（生于1885年）、吴勤德（1901—1980）以及李家木桥的李戴德（1892—1955）等先后入教堂担任神职人员。

当地有十个村落的村民几乎全是天主教徒。乡人对信徒和非信徒者有“进教”和“外教”的特别称呼。天主教文化对村民生活习俗、思想观念的影响延续至今。

塘湾里的村宅随之得以拓展，规模出众，大户人家建有“十棣九庭心”（前后有房十进），在本地首屈一指。可惜，整个村宅毁于咸丰兵灾。

开埠之初

道光二十三年（1843）8月29日，英军迫使清政府签订丧权辱国的中英《南京条约》。

上海耶稣会会长南格禄（1803—1856，法国传教士）召集华籍神父在七宝塘湾里圣母无原罪始胎堂“避静”（避开“俗务”，进行宗教静修），部署传教新规划。后在此设立小修院，专事培养华籍神父。此时，塘湾里成了上海耶稣会活动中心。

11月17日，根据《南京条约》和《五口通商章程》的规定，上海正式开埠。从此，国内外大量移民涌来，上海进入历史发展的转折点。

道光二十六年（1846），清政府取消执行了一百多年的“禁教令”，承认“天主教为劝人为善之教”。

这一年，南格禄在徐家汇得到一块土地，造了两幢房屋，作住所兼临时礼拜堂。

次年3月，南格禄决定将徐家汇作为耶稣会的基地。将塘湾里天主堂与徐家汇堂合并为一个教区。

道光二十八年（1848）3月8日，上海伦敦会三名传教士违反地方规章，擅入青浦县散发福音书，遂与漕运水手发生冲突。英国驻上海领事阿礼国借端寻衅，引发“青浦教案”。

道光三十年（1850），本地建立天主教塘湾里教区，与徐家汇堂分属两个教区。周边乡村的信徒迅速增多。

随着天主教日渐深入人心，七宝镇上居民中信教者渐多，尤以南镇为甚。眼看相当一部分读书人也信奉起天主教来，民风发生变化，有人宽容，也有人惊讶，本镇《蒲溪小志》作者顾传金对之则大加抨击：“吾镇有最可笑而最可耻者，曰天主教。阅其书，大不通之至。愚夫愚妇奉之，谓其愚昧无知，犹可谅也。乃若自以为昂昂丈夫，或身列胶庠，或身入成均，犹然男女混杂，不顾廉耻，卑躬屈膝，尊礼不衰，深为可叹！”

华洋交集，中西碰撞，一场斗争在所难免。

道光年间重振生机

清代中叶，七宝镇的社会经济明显衰退，这里的乡情民风随之发生了巨大变化。令人吃惊的是，在明代的二百七十四年间，这里先后涌现进士十一人，举人二十多人。他们先后在朝廷当官，退职后乐于与乡人共守家园。而在清代的二百六十七年间，这里却不再有一人能够赴京参加殿试，也不见再有显赫四乡的名门望族。

七宝人一直在思考，如何能重振生机？到了道光年间（1821—1850），情势终于有了转机。

合力疏浚蒲汇塘

约生于清乾隆三十七年（1772）的七宝诸生顾传金（字愚溪），在纂修《蒲溪小志》时，将七宝镇的衰退原因归结于地方官员疏于职守，水利长年失修，使蒲汇塘、肇嘉浜等河道淤塞，水运功能倒退，本地农事商业俱受损害所致。

嘉庆六年（1801），松江知府康基田（1728—1813，字仲耕，号茂园），以“资政大夫兵部侍郎兼都察院右副都御史，总督江南河道提督军务”的身份前来主持疏浚蒲汇塘。他倚老卖老，寄寓于七宝教寺僧舍，醉心于种竹赏景、择地葬佛，对河工漫不经心，以至疏浚之后河身依然浅狭。嘉庆七年七月，他却擢升广东布政使。

《蒲溪小志》记载：“道光四年，苏松太兵备道龚丽正捞浅蒲汇塘。不逾年而即塞。道光九年，署松江知府王青莲分檄华、娄、上、青四邑开濬蒲汇塘。未及三年，即为平陆。”因此，地方人士一再呼吁疏浚蒲汇塘，怎奈官府缺乏资金，难以实施。

道光十六年（1836），上海县知县黄冕（字服周，号南坡）奉江苏巡抚林则徐（字元抚，又字少穆、石麟）之令，带头自捐俸禄，多方筹集资金，实施疏浚蒲汇塘工程。还明文公告：治河官员一律轻车简从（他自己每次到治河工地视察都能以身作则），不准再向当地去索要馈赠。

黄冕筹得所需资金，动工疏浚蒲汇塘。林则徐看到“各绅董皆能踊跃从事，经理得宜，深堪嘉尚”，甚为振奋。

当年五月二十四日，陆如海、顾传金等三十二名七宝有识之士联名上书林则徐，认为“以往每次疏浚蒲汇塘前都要在龙华港（入黄浦江处）筑大坝，以拦截江水，便于施工，而竣工后，大坝就被拆除了，以致江潮倒灌，泥沙淤积，事倍功半”。他们陈述利弊，恳求保留蒲汇塘龙华拦潮大坝。

于是，林则徐做了批文，并“亲临视阅，逐段验量”，最终采纳了七宝人士的建议。他亲临七宝实地验收工程质量，还根据地形与水势，适当修改原有水道，开挖多条引水惠田的灌溉渠道，消除堵水隐患，留下了一段佳话。

这次蒲汇塘、肇嘉浜的大规模疏浚，给本地区的经济社会发展带来新机遇。为此，知县黄冕领衔赋诗志喜，士人纷纷唱和歌颂。其中，里人马逢伯（字荻江）诗云：

吾乡水道久无澜，练影波光何处观。
无港不淤平似陆，有萑每叹叹其干。
昔循成例功靡效，今展新猷事弗难。
一旦恩波留四邑，五年累转百年安。

重建双桥

清道光年间，《蒲溪小志》所绘的镇区地图显示，当时在围绕七宝老街的七八条河流上架有二十三座桥梁，有石有木，形态各异。

在蒲汇塘桥的东西两侧，一向各有一座跨塘木桥，乡人称“东桥”“西桥”。本地民间传说颇有神奇，说这双桥为观音菩萨被下界胜景所动，不慎落下一双绣鞋所化。

道光十七年（1837）夏季，本地僧人学修、道金、悟昇见蒲汇塘双桥一已破败，“东则倾圮已久，西亦朽坏有年”，便发起募款重建。乡人积极响应，并议定以石易木，桥面、桥柱均应使用整块石材。延至次年春季，议定分工，由南镇建康乐桥于西，北镇建安平桥于东。

康乐桥

北镇负责建桥的顾惠沾、周绿波、朱湘舟等二十八人，跋涉于炎天，或任奔驰于冬日，或监工而不胜其瘁，或握管而不惮其烦，始终如一，辛苦备尝。时有顾传金撰《七宝安平桥始末记》，详述建桥始末，称“先有李桂堂诸公于丁酉秋起创行捐，任劳任怨，集成百有余金，功非浅鲜。去夏，有李吟渔、陆观吾保石工吕凤祥、唐秋岩，张凤九保石工徐功山，来定承揽，各半分建。吕则就南，徐则就北”。道光十八年（1838）五月二十七日开工，至除夕毕工，“共用制钱八百四十千八百七十文”，“桥名即现任少府周公名浩题也”。安平桥建成，乡人乐见“虹腰高耸，雁齿平铺，俯临清水绿波，怡然自得；遥望朱栏白石，蔚然可观”。

安平桥

同年，南镇负责的康乐桥工程（俗称“西石桥”）由曾担任青浦县丞的武长君（号桂圃，“籍隶顺天，暂居娄界”）独力主持，南镇里人何朝绅等相助，终于在半年内建成，“增一镇之辉，启万人之便”。

同治三年（1864），蒲汇塘桥再次重修。此时，三桥并列，新姿勃兴，古镇呈现一派新气象。

典当街崛起

蒲汇塘南岸的南西塘滩，明代初建有蒲溪道院。嘉靖年间，道院南迁至东岳行祠后，当朝进士王会在此建造迎敕堂，屋宇宏大，颇具气派。随后有商家设店，形成西街，但是长期人气不足。

道光年间，在迎敕堂旧宅中开设了一家典当铺。相传，店主来自苏州洞庭东山，姓周，当铺取名“周记全柜”，自称实力雄厚，无所不能。开张之日，有一位浙江巨富前来，当众拿出十二对紫金狮子押当。在场的人们顿时惊呆了，而周老板二话没说，当即接受付押。于是，周老板名声大噪，令人刮目相看。

周记全柜典当北靠蒲汇塘，南对东岳行祠，西傍青浦县丞署，东依南

大街，自然成了镇区一大聚焦点。随之，周记典当铺前的南西街上，店铺林立，人气汇聚，被人们称作“典当街”“典当场”。

1937 年“八一三”战事爆发，有人趁机洗劫了周记典当。其后，日军飞机前来轰炸，典当房子毁于战火。但是，“典当街”之名一直被里人口耳相传，直至“文化大革命”被改名为“富强街”。

重修寺庙

蒲汇塘南岸的七宝南城隍庙，俗称“南庙坐堂”，位于东岳行祠左侧，斗姆阁的对面。此庙原在王家场，明万历年间迁移于此。由于长期失修，日趋破败。道光初年（1821），南镇各店铺为了重振生机，发起“万人缘”募资重修南城隍庙。由于重修用材厚重，使这座殿宇式建筑就此更显得高大宽深。

道光十二年（1832）闰九月，北镇各牙行店铺发起“万人缘”募资重修了北城隍庙。

道光十四年，乡人重修北镇北栅楼上的财神祠。

道光二十一年秋，乡人重修南镇王家场的土地祠和北横沥之东的祖师堂。

《蒲溪小志》成书

清道光年间，里人陆元勋（号半塘）著有《七宝镇志》一卷。可惜传播不广，更未能留存至今，我们只能在《盘龙镇志》中查到其书目。

1959 年冬，上海市文物保管委员会工作人员在七宝镇上采访当地耆旧时，在南镇李家得到了四卷《蒲溪小志》的抄本，上有陆元勋序跋，却未注明纂辑者姓氏。后经多方查访，才证实这是当年有个叫顾传金的文人手辑的（另有推测，纂辑者为顾学钟）。

顾传金，字愚溪，约生于清乾隆三十七年（1772）。他独自纂辑了地

蒲溪小志

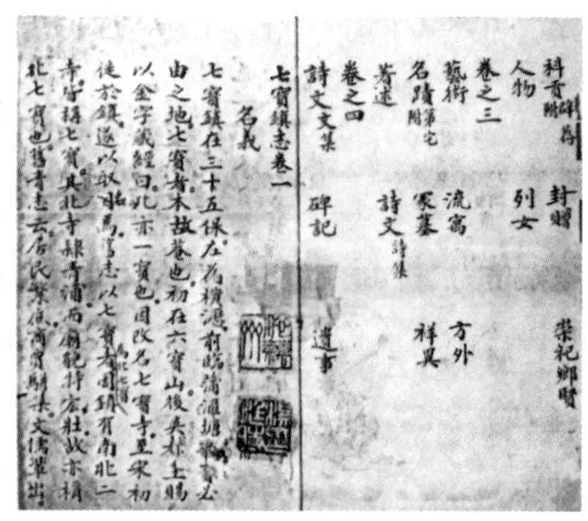
科貢 附例爵　封贈　榮祀鄉賢
人物　列女
卷之三
藝術　流寓　方外
名蹟 附第宅　冢墓　祥異
著述　詩文 附詩集
卷之四
詩文文集　碑記　遺事

七寶鎮志卷一
名義

《蒲溪小志》书影

方志珍品《蒲溪小志》，但他的生平事迹却难以查考。只知他出生在白场浪，与陆元勋同是嘉庆年间的诸生，曾热心地方公益事业，参与七宝士绅联名上书江苏巡抚林则徐，恳求保留龙华蒲汇塘河坝的事件，并主持建造镇东安平桥（东石桥）。

《蒲溪小志》分四卷，成书于道光二十一年（1841）秋后，记载了七宝镇近千年政治、经济、民俗、文化等方面的概况，文简而不繁，内容十分丰富，主要取自乾隆年间的府志、县志，并增补了诸多民间口碑、见闻等地方资料和历代诗文。它是后人了解和研究七宝历史最有价值的地方文献，1961 年 11 月，上海市文物保管委员会特刊印了铅印本。2003 年 7 月，闵行区区志办校勘后由上海古籍出版社再次出版发行。

堂名打唱班

清末以来，本地道教活动十分活跃。散居民间的道士，平时不穿道服，不念经，各操己业，他们多数为农民或小手工业者，遇有法事，方上门做道场，故称“在家道士”。

道教法事分清事与亡事两大类。清事俗称“打醮”，是为信徒设坛祭祷以求福清灾的一种宗教仪式；亡事俗称“做功德”，是为死者所做的法事。道士登上道场演法时，按职务分工，各司其职。道教科仪中的场面变

化，是由音乐所贯穿，统称道教音乐。

本地道教班社大多兼营“堂名打唱”，道教活动由单一的宗教仪式，逐渐转为宗教性与娱乐性相结合的民俗性活动。法事仪式结束后，东家都会要求道士唱几个曲子或演奏几首乐曲作为余兴，以娱乐亲友及围观者。

清道光年间，当地著名道士徐裕孚、张耐夫选取道教音乐《小行香》的音乐元素，自编小锣鼓曲《松竹梅》。此曲以板鼓引演奏，以大锣为松，小锣为竹，锣钹为梅，又以梆板为雨、小钹为雪、大鼓为风，表现“雨、雪、风”三声，音量清晰和顺，稠而不断。

二十世纪八十年代，七宝镇老艺人据墨熙倾心回忆，忙了几天终于整理出《松竹梅》全套曲谱，并组织六名艺人恢复了演奏。上海音乐学院教授李民雄前来采风后，将此曲改编成了上海专业民乐团的演出曲目。

七宝镇老艺人演奏《松竹梅》

咸丰兵灾

《星周纪事》实录

七宝老镇地处沪西要冲，自古为兵家进占上海县城必争之地。清咸丰年间，太平天国风起云涌。咸丰十年（1860）五月，定都南京已七年的太平军主力发起东征，第二次大破清军“江南大营”后，挥师直下松江府及上海县。六月，镇守上海滩的苏松太道勾结美国军事流氓华尔组建洋枪队，欲抵御太平军的进攻。

于是，这里一度成为血腥战场，到处刀光剑影，兵火成灾。当时，有一位叫王萃元的虹桥文人每天详尽地记载了这场兵灾的全过程，后来他的笔记被世人一再刊印，这本书名为《星周纪事》。

王萃元，字子俨，号陆生，嘉庆年间生于虹桥镇新桥村。据其所撰《星周纪事》记载，太平军占据南京时，王萃元正参加岁试，时局大动荡，使其仕途耽搁。咸丰十年（1860）五月起，为防御太平军，上海县县令刘郇膏（字松岩）动员各地兴办民间武装组织，称作团练（俗称“乡勇”）。而虹桥人逃难大多避到浦东。太平军进攻上海县城不克，退回青浦。虹桥人陆续返回，见家乡惨遭焚掠，慌忙于十月初三也办起了乡团练局，按户出丁，推选甲长，筹集经费，建立队伍。王萃元的父亲王鼎琳（字耐斋）被任命为总理局务。身为松江府岁贡生的王萃元和胞弟王萃龢（原名昌序，字子诜）“襄理其事，多所规画”。

《星周纪事》记载了虹桥团练当时转战各乡的情景，有胜有败，亦喜亦悲，极为翔实，出乎后人的想象。如有一节这样描述同治元年二月乡勇们守卫家园的战事：“初八辰刻，贼马队突冲至井亭庙东，团勇并力站定，

贼队遂北。午后，西贼由龙珠庵桥偷窜至姚家角地方，烟光密布，莘庄居民逃避一空。黄昏时，西路火光大起，探系官兵于七宝北村焚毁民舍。当此贼势万分猖獗。南北官军并不出队迎击。贼大股踞王家寺，探丁至程家桥地方不能再西。惟掳去逃出之人称，贼于该处掳居民橱箱并田间尸棺，借以坚筑营垒，为久踞之计。此间蒲汇塘北岸自虹桥市西至董家宅密插旗帜，新桥一带则自俞家宅西至娄嘴箕口亦密插旗帜，团勇更番站立，夜以继日，肃静无哗，使贼莫测其虚实。至沿塘迤北村庄俱已尽室逃避，路上更无一人行走者。”“初九日，终日安静。……黄昏时，贼火逼近炮台不及半里，众勇登高呐喊，连放大炮，贼不敢再近。是夜来扑三次，俱因呐喊而退，即吾等亦相与助势，喉咙几为之哑。炮台幸得无恙，而虹新桥北之各乡村大被焚掠。”另光绪《上海县志》也记载当时情况：王萃龢“偕亲友，率勇数不满百，就蒲汇土阜，树旗帜作疑兵，黑夜登高狂呼，杀贼声闻数里，贼不敢逼里中，老幼得以保全徙避。相持十昼夜，卒因无援溃散，犹从容赴团局收拾册籍，有黄衣贼目飞骑追至，萃龢越河乃免”。

据《星周纪事》记载，咸丰十一年（1861）前后，由于太平军与乡团、清兵、外国洋枪队在七宝、莘庄、梅陇、虹桥地区展开拉锯式交战和报复性掠劫，使这里遭受了一场空前绝后的灭顶之灾。

老百姓在这场兵灾中所遭受的苦难，在《星周纪事》中多有详细记载，读来令人嘘唏不已。王萃元在书中有《杂感》句云：“既被兵灾仍苦贼，剧怜谷贵更伤民。”对于这场战事，不论如何评价其是与非，都无法抹去这些苦难。

《星周纪事》还记载了罕见的本地天气情况。咸丰十一年（1861）十二月二十九日，从虹桥到新桥，“雪拥及肩，道路不明，足无从入”，连续十数天，雪不融化。徐家汇附近，也是“漫天积雪，风涌如浪”，这时，太平军准备攻打沪郊东南，亦“为大雪所阻”。

同治元年（1862）三月十五日，太平军马队直捣虹桥团练局，上海西乡团练局尽毁。

太平军激战洋枪队

清咸丰十年（1860）五月二十七日，太平军驻扎九亭曾家桥至龙珠庵盘龙塘口，准备直抵七宝镇。清军与七宝镇民团扼守中渡桥，双方激战昼夜，终因兵力悬殊，太平军撤离。

六月十二日起，清军与华尔洋枪队联合反扑，攻打青浦。二十四日，忠王李秀成率太平军由苏州奔赴青浦，大败清军。二十六日，攻克松江城。七月初一，攻克泗泾、七宝两镇，七宝镇团练李文豹惊恐而死。七月初六，直抵上海城区的太平军因忠王受伤撤军。途中，在七宝地区设伏抗击清军，发生激烈战斗。

七月十日，上海知县刘郇膏令乡镇民团在龙珠庵筑河坝，阻断蒲汇塘、盘龙塘之水路，以遏太平军挥师东进上海。

八月上旬，太平军在青浦打退洋枪队后，集结泗泾镇，再次向上海城发起进攻。太平军由松江、蟠龙、泗泾一线直抵七宝镇，清军及洋枪队纠集七宝镇民团，双方激战几昼夜。终因兵力悬殊，太平军进军受挫，只得退回青浦城内。

咸丰十一年（1861）二月初一，太平军又发动攻势。二月十二日起，太平军和清军在七宝北郊吴家巷、王家寺，南至顾司徒庙一带激战数昼夜。

三月，华尔洋枪队自上海募集兵力后反扑，太平军奋起反击，

五月十二日起，洋枪队连克诸翟、蟠龙、小涞庙、虹桥、华漕、野鸡墩等地。二十四日，又冒雨攻击七宝练勇营，占领七宝镇。五月二十六日至二十八日，在七宝镇郊北起吴家巷、王家寺，南至今联明村的范围内，太平军与洋枪队鏖战数昼夜。

七月五日，太平军进攻诸翟镇失利，大部退走，一部转移到吴家巷与七宝镇郊之间。

九月初五，太平军威逼虹桥镇，击毙团董严惠高。初七日起，太平

军在七宝镇郊设下埋伏圈，清军将领桓嵩、秉忠和漕河泾团董沈月峰等中伏。太平军攻占七宝镇后，只停留了一天多，闻听洋枪队和清军重兵压来，便撤出镇区，向北后退。在七宝镇郊又激战数日后，退至吴淞江畔。十月初三，清军夺回七宝镇区，命一唐姓守备率营勇千人驻守。

谁料，同治元年一月二十五日，天降大雪，河水成冰。三十日，雪止，门户被封，路绝行人。此时，太平军乘冰坚绕至敌后。次年正月初四，太平军与清军在七宝镇郊展开激战，忠王亲驻王家寺指挥战斗。

三月初六，英驻华海军司令何伯率美法联军一千九百余人，雇用随从数百，携带十余门大小炮，从徐家汇出发，经虹桥、新桥，当晚宿营于七宝镇。次日上午，英法联军炮轰王家寺太平军营垒，交战半小时，四五千名太平军不敌，弃营而退。当华尔率“洋枪队”二百多人从松江赶到七宝时，王家寺战斗已结束。

四月，忠王由昆山再攻青浦，纳王部云官则由吴淞进发，连取松江、泗泾、塘桥等地。此时清军统帅李鸿章以泗泾已失，太平军必直逼上海，令程学启、滕嗣武、韩正国等率部沿虹桥、漕河泾一线反扑，并急调正在宁波的华尔洋枪队回沪助战。

五月初六，英法联军与洋枪队攻陷漕河泾镇。初七，又在七宝镇郊小渡船、罗家荡与太平军激战。其后，两军结集，争夺焦点为七宝、泗泾一线，自五月十一日至五月十九日，拉锯近十日。十九日，因终日大雨，清军告退。太平军将领陈炳文（安徽巢县人）合谭绍光率部先后激战于七宝、泗泾等镇。直至七月初，战事呈胶着状态。

不久，南京告急，忠王率部赶去回救。清军统帅李鸿章令胡翼升、程学启、华尔等尾追太平军，并于七月十五日攻陷青浦。时慕王谭绍光正沿北新泾、法华一线抗击清军，与之相持十日。李鸿章见久攻不下，令胡翼升、程学启、华尔分军之半，趋泗泾、七宝，断太平军后路，图谋全歼太平军。谭绍光识破敌计，先期抢占七宝，严阵以待。八月初二日，程学启等赶到七宝时，已失先机，遂分队十营，反复冲击。清军依仗洋枪队掩护，轮番冲击。太平军则依托有利地形展开巷战，经昼夜激战。其间，清军悍将韩正国被击毙于七宝。

七宝地区战事逐渐平息。然而，在这三年兵火中，七宝教寺被焚，云台庙、王家场、芗林堂等诸多胜迹及千间房屋被毁。千年古镇因遭此劫难而满目疮痍，元气大伤。

门前摆放石狮的天主堂

购地建堂

咸丰兵灾将塘湾里教堂等设施全面摧毁，塘湾里就此风光不再。这里的小修院搬到青浦县横塘之后，塘湾里教堂叶姓法国神父计划到七宝镇上去建造新教堂，因购地未果难以如愿。他亡故后，由龙神父（圣名玛弟亚，川沙县人）接手置地。

当时，惨烈的咸丰兵灾刚刚平息，七宝老镇劫后余生，惊恐了数年的乡人急需心灵安抚。

清同治三年（1864），七宝人合力重修蒲汇塘桥，企图复兴昔日风光。龙神父认定时机难得，便借南镇刘姓信徒之手，购得南街口（今南街 50 号）一方土地。

次年，龙神父在耶稣会江南代牧区主教郎怀仁（1808—1878，字厚甫，法国籍，驻董家渡）和马二神父的支持下，大张旗鼓地在南街口启动建堂工程。

同治六年（1867）8 月 4 日（农历七月十六日），七宝圣母天主堂终于落成，举行了隆重的开堂大典，宣告“奉圣母荣召升天为本堂主保”。首任神父姓葛，系外国籍。

第二年，天主教会在七宝镇南街创设私塾式学堂，为本土第一所新式学堂。

此时，七宝北镇显赫四方的七宝教寺已在战火中毁成废墟，看来无力重建。于是，一向前去烧香拜佛的乡人只得转往南镇，相伴走进天主堂，观看葛神父主持的弥撒礼仪，聆听《圣经》故事。不少乡人并没有弄明白其中的教义，就冲着圣母的慈祥，便转为天主教信徒。乡人俗称信教者为“吃教的”。

就此，七宝圣母天主堂替代了昔日七宝教寺的繁荣，成为千年古镇的新地标。

七宝老街随之重新焕发出生机。镇上开设四条水运航线，恢复了商业重镇的态势。

成为公堂

光绪二十二年（1896），七宝圣母天主堂首次扩建，形成规模。圣堂立面式样仿效古典哥特式，有七大间，平顶二落水，设唱经楼，正门有四层钟楼，堂内高十米，可容千人。大门为品字形三门。

最引人注目的是，教堂正门两旁特意摆放着一对明代石狮子（疑似从七宝教寺废墟移来的）。这一与众不同的举措，正是教会为了赢得更多当地民众的认同，尽力使教堂本土化的用心所在。

七宝圣母天主堂门前石狮

从此，七宝地区的天主教活动中心由塘湾里移至七宝镇上。七宝圣母天主堂被定为公堂，逐步统一管理周边如徐家汇的王家天主堂、北区的金家天主堂、七宝地区的大原堂、顾家堂、朱家堂、喻家巷堂、蒋家堂、阮家厍堂、许家堂，莘庄地区的南张堂、北钱堂，梅陇地区的翁板桥堂、薛家塘堂，以及曾属青浦蔡家湾教区的鹤泾湾天主堂、小涞桥天主堂等，最多时合计达二十一个会口（又称“堂口”，即地方教会）。天主教徒归属一个会口，由会口为每个教徒建立出生、受洗、婚配、死亡和领圣事的档案（称四规册）。主教、神父被称为“牧羊人”，教徒则称为“羊群”。

持续发展

宣统二年（1910），置自治乡，七宝镇区以蒲汇塘为界，南镇与北镇分设乡董，分属华亭（娄）、上海、青浦县，形成一镇三治的局面。

同年10月22日，徐家汇“圣依纳爵主教座堂”落成，成为天主教上海教区主教座堂。

眼看天主教活动中心的地位将被徐家汇取而代之，七宝人不甘心。民国元年（1912），七宝圣母天主堂再次扩建。

自1917年起，七宝圣母天主堂积极筹办建堂五十周年庆典活动，以示自己的历史地位。

1919年4月27日，七宝圣母天主堂隆重举行建堂五十周年“金庆大典”，教堂内外观礼者达五六千人。

然而，徐家汇地区天主教发展迅猛，势不可挡，七宝圣母天主堂的影响力就此走下坡路，以至连累了七宝老街的市面人气。

1927年，七宝圣母天主堂在教会私塾学堂的基础上，开设私立务本小学，分设男女两部，学生从三十人扩展到二百人，由法国籍神父祖忘良任校长。

1929年，七宝圣母天主堂再次扩建。

1930年，七宝镇南面的薛家塘（今梅陇镇集心村十一组）有六户信教的赵、薛姓人家，邀请七宝圣母天主堂的左神父（英译卢瓦索，耶稣会会士，法国籍）前来主持做弥撒。左神父定期骑自行车前来传教，还派遣一位蒋姓贞女到此照顾教友。1935 年，左神父用法国募捐来的二百银圆在薛家塘东侧建教堂屋二幢十间，取名露德圣母堂，并准备办学。后因左神父阑尾炎手术后伤口破裂感染，不治身亡，办学未果。

1937 年 8 月抗战爆发后，务本小学停办。1946 年，改称“私立肇建小学”，由中国神父傅鹤州任校长。

1947 年，七宝圣母天主堂进行大修，8 月举行建堂八十周年大典。

几经扩建，七宝圣母天主堂建筑面积为六百四十九平方米，占地约八千平方米。钟楼为四层，高二十八米余，楼顶悬挂含金铜钟三只。可惜，1949 年 5 月 23 日国民党军队撤退时将钟楼炸毁了。

至 1949 年，七宝地区共有天主堂十二座，教徒大多集中在今红明村、九星村一带。

隔壁就是土山湾

清道光十六年（1836），江苏巡抚林则徐前来上海，主持蒲汇塘疏浚工程。为了解决河道淤塞问题，林则徐有意将蒲汇塘的流向改了道，在李漎泾（又名法华泾）、肇嘉浜拐弯，不再往东经龙华港，而往南经日晖港，进入黄浦江。挖出来的泥土均堆在拐弯处，从而形成“土山湾”。

同治三年（1864）秋，江南教区徐家汇耶稣会创办的孤儿院由董家渡迁入土山湾新址。随后在此创办土山湾孤儿工艺院，内设绘画、雕塑、印刷、木刻、金工、照相等工场，中西文化在这里交流融合，无意间为封闭的中国开辟了通往世界的渠道。

一条蒲汇塘连接了土山湾、漕河泾、七宝、泗泾等地区，沿途乡人交往频繁，人际关系密切。七宝老镇位于蒲汇塘中段，镇东过了横泾河便属上海县二十九保，土山湾属上海县二十六保，自古同为上海县高昌乡地界。土山湾被今人称作“海派文化的摇篮”之一，当年近在“隔壁”的周边地区自然“近水楼台先得月”。

张充仁在孤儿院学艺

光绪十六年（1890），七宝喻家巷的张朴良全家为天主教徒，经喻家巷若望尼多莫堂神父的推荐，将二十岁出头的儿子张少圃送进土山湾孤儿工艺院，跟随沈则宽神父学艺。张少圃满师后，成为工艺院木雕工匠，专事雕刻中式建筑用的装饰花板，直接参与了赴比利时建造“中国宫”的工程项目。经沈则宽神父做媒，张少圃与圣母院女工作坊的苏州姑娘殷莲子结婚成家。光绪三十三年（1907）9月25日，小夫妻俩生下了张充仁。因不久母亲抱病身亡，张充仁自幼随父亲在孤儿工艺院内生活。

1912 年春天，才五六岁的张充仁走进土山湾孤儿工艺院，找到了令他快乐的新天地。这里浓郁的艺术氛围和神奇的创新能力，将他的艺术天性和创造欲望逐渐激发出来了。他喜欢拿着铅笔到处作画，灰白的院墙成了他最大的绘画板。

1914 年，父亲将张充仁送进了设在天文台的类思教会小学读书。他好学好胜，尤其喜欢视为神圣的绘画艺术，一至三年级，每次画图考试总是第一名。他的艺术天赋，引起了校长田中德修士的注意。田中德是土山湾画馆的学生，对同好者自然特别青睐，便专门为张充仁和其他七八个爱绘画的同学开设图画班，每天下午放学以后亲自传授美术知识，从最初的铅笔画线条入手，画眼、鼻、口、耳、须、手、足，然后是头像、人体像。

在这个“通往世界的渠道”里，张充仁快乐地成长，为日后成为雕塑艺术大师练就了“童子功”。

跟仔姆姆结花边

土山湾圣母院女工作坊设有花边间，专事生产花边、刺绣等手工制品，并应用本地传统的钩针（俗称“小扎钩”）技艺形成“结花边”工艺。1907 年前后，由于修女和教徒的传授，这里的钩针花边技艺向周边乡间“小教堂”扩散，南张天主堂、七宝圣母天主堂等均成为乡村妇女学习“结花边”的教学点。当时，洋纱洋布倾销上海市场，本地土布一落千丈，致使本地妇女放弃纺纱织布，改以编结花边为生。

随之，七宝镇上原有布庄纷纷兼营花边业务，经洋行出口。1920 年，王恒泰染坊、泰源衣庄率先为上海顾少也美艺花边公司兼营花边手袋收发业务，后兼营台毯、窗帘等。海外市场选定款式实样，行销商接单制样，经“花边号”发料给本地妇女加工，定期收货，计件付酬。1927 年前后，程谨记布庄成为七宝最有实力的花边经销商。1930 年，七宝老街金秋波花边号、汪克勤花边号等也应运而生，专事门市收发及串乡收购。

早期，本地妇女编结的仅有朵头花和码带花边。后来，商家利用本地“看得懂图样”的编结高手，根据市场需求制作“新花样”，并直接设收发点，形成生产网络。本地妇女凭借聪明才智又多了一项改善生活的家庭副业。

“西洋货”下乡来

当时，土山湾孤儿工艺院为本地大小教堂量身定制了各种建筑部件和宗教用品，尤其是圣母画像或雕塑、讲述宗教故事的彩绘玻璃等具有强烈的艺术感染力，给乡人留下了极为深刻的印象。

1919 年 4 月 27 日，七宝圣母天主堂隆重举行建堂五十周年“金庆大典”。土山湾工艺局派出十八名生徒前来参加，当众表演了《唱经》，给七宝乡人留下深刻印象。

徐家汇天主堂编印出版的《益闻录》杂志不时在七宝地区传播，杂志记者时常前来采访，做了不少报道。

当年，到土山湾孤儿工艺院、圣母院女工作坊学艺、谋生的本地人必定不会是个案，修女和教徒们传授的也不会仅仅是花边。土山湾是通往世界的渠道，近在“隔壁”的本地人自然得益匪浅。

近代老街风情

明万历《青浦县志》称七宝镇“居民繁庶，商贾骈集，文儒辈出，盖邑之巨镇”。经历清代“咸丰兵灾”，七宝镇元气大伤。到了光绪年间，七宝地区属华中乡三十五保一至四区，七宝老街才恢复当初的巨镇形态。镇民大多重商，沿街无家不店。老街上既有本地农产、南北杂货交易，又有酒肆茶楼、银楼典当待客，农户、士人与商家穿插其间，寺庙、学堂与店铺共享繁荣。

1894 年七宝赛灯

光绪二十年（1894）农历十月初十是慈禧太后六十岁生日。各地大小官员争先恐后，提前一年着手筹备，想尽法子给慈禧太后大寿送上一份厚礼。各地商家也借机做足文章，繁荣市面。

上海徐家汇天主堂编印出版的《益闻录》第 1367 期，刊有《七宝赛灯》一文，记述了 1894 年“桃花月圆时”（自芒种日起为桃花月，1894 年芒种日是公历 6 月 6 日，农历五月初三。十五月圆，为 6 月 18 日）至当月二十九日（7 月 2 日），七宝镇南北大街隆重举办了十天彩灯赛会的盛况，以及当时南镇与北镇分治的状态。全文实录如下：

本汇（徐家汇）西南七宝镇系上（海）华（亭）青（浦）交界之区，在地商家店铺户以今岁为皇太后六旬万寿之年，议举升平盛事，自桃花月圆时，扎就各灯，在该镇水南、水北市上密排彩灯，舞灯游行，至二十三夜，南北街两狮灯争路先后，遂各分为朋党。水北人于二十五夜独创奇丽

灯光，自香花桥至蒲汇塘口一例缀灯，高高下下，绿绿红红，五光十色，彻夜如白昼。而水南则寂寞异常，不免顾影自怜，大为减色，乃亦纠合各家，高搭灯棚，竖立火树，廊腰檐角缀如星游。观者直若入五花八门阵中，目不暇赏，计大街上珠灯、红纱灯、羊角灯、方灯、六角灯，簇新巧制，不下二百余盏，间以硬彩、软彩、绣球等，扎制精良。廿六、廿七、廿八、廿九等夜，均于夕阳西下即明点高烧。不夜城中，男女如蚁，真若万花谷，无一毫尘俗点景。该处自前次张灯以来，已九十一年，因此倍加动兴。刻闻水北又将密益加密，斗奇争胜云。

按此文所述，七宝镇前一次大型赛灯会应当是嘉庆八年（1803）。此后因咸丰兵灾，七宝全镇惨遭毁损，沉寂多年。1894 年的这次赛灯会实为灾后大庆，因此格外隆重。

谁料想，不久日本舰队在黄海挑起甲午战争。1894 年 8 月 1 日，中日两国互下宣战书。战争搅乱了慈禧的庆寿计划，而七宝老镇还算幸运，借这次赛灯会消除了咸丰兵灾带来的创伤，重新焕发繁荣的市面。

七宝圣母天主堂金庆大典

1917 年起，七宝圣母天主堂筹办建堂五十周年庆典活动，以示自己的历史地位。

1919 年 4 月 27 日，七宝圣母天主堂隆重举行建堂五十周年“金庆大典”。

据《圣心报》第 33 卷第 6 期记载，在本堂徐笏铭神父的主持下，圣堂前扎起柏枝绿条牌楼，张挂了四百多盏彩灯和数盏汽油灯。26 日入夜后，试灯大放光明，“九龙”“流星”“东洋烟火”等烟花爆竹一齐燃放，令人目不暇接，直到夜里十点钟才尽兴而散。

27 日清晨四点半起，有十二位神父挨班献弥撒。七点半起，由江南姚大司牧主持大礼弥撒。土山湾工艺局十八名生徒在楼上唱经。震旦大学院吴神父登台讲道，到场教友达一千一百多人。弥撒结束，在女校设宴一百二十余桌。下午二时，由松江焦总铎主持举行头等圣礼降福活动，教堂内外观礼者五六千人。结束时，又在广场燃放“东洋烟火”等，观者欢声雷动。

“七宝烧酒”的由来

七宝镇繁荣昌盛，南北文人墨客、商人游客云集，饮酒自然少不了。江浙一带乡人喜喝软性酒，一向以酿造黄酒为主，称之为“老酒”。而北方人喜喝烈性白酒，不少七宝人受其影响，认为白酒的甘醇辛辣更过瘾，逐渐风行，乡人称之为“烧酒”“土烧”。近年有专家称，经论证发现镇北“号上”一带自古产酒，理由是这个“号”字古代写作“墬”，实是一种土制容器，类似釜，有边口。“号上”这个地名，由土制这种容器的作坊而得。

清光绪十五年（1889），七宝镇北大街杨光华（1872—1944，字雪樵）跟随兄长创建“杨鼎源商号”，经营酿造、纺织业，在老街设有南、北酿酒糟坊，分别酿制黄酒、白酒，所酿“七宝烧酒”适合本地人口味。

民国十九年（1930），“杨鼎源商号”又增设东、西糟坊，提高白酒生产能力，为了确保老酒质量，不惜工本，决意到青浦淀山湖去取水来酿酒，并在北横沥港扩建专用码头。镇上“吃烧酒”随之风习日盛，影响了三县乡民。

羊肉烧酒习俗

七宝镇至今仍流行大伏天和冬季“上镇吃羊肉喝烧酒”的习俗。一早即起，邀上三五好友，走进镇上羊肉烧得最为地道的店家。不一会儿，一锅白煮羊肉热气腾腾地端上，膏脂洁白，肥瘦相宜。再要上一瓶烧酒，谈天说地，煞是惬意。这羊肉烧酒一直吃到日上三竿，吃得人大汗淋漓，方才尽兴而归。

羊肉烧酒的习俗当然与农事有关。汉代典籍有记载，“田家作苦，岁时伏腊，烹羊炮羔，斗酒自劳”。然而，农人庆贺应在秋收之后、中秋前

后比较合理。

1912 年，镇上新开潘福兴菜馆。1913 年，北大街又开四如春饭店，以红烧羊肉闻名，促使当地形成无此不成席的习俗。

酒酿糟肉

七宝镇上的酒酿糟肉独具风味，清末民初就成为乡人所钟爱的家常菜，家中常备，作为待客菜肴。

每到秋冬季节，本地人就取猪肋条五花肉，曝腌风干，切块成型，以酒酿及配料浸渍，入坛罐封存半月。待开封后，上笼蒸熟，上盆色如玉，糟香扑鼻。改变了浸糟卤的传统制法，采用糯米做的甜酒酿来糟制，保持了猪肉的鲜嫩和米酒的香醇。如此糟肉，皮酥肉嫩，糟味香馥，肥而不腻，酥中带脆，甜咸适中，令食者回味无穷。

老字号店铺

七宝老街，是店铺的天下。据 1949 年的统计资料，当时全镇商业经营的行业达四十种，商家达二百二十四户，从业人员有六百多人。数百年来，镇上必有众多名店名品，可惜鲜有史料记载，但仅从近一百年的历史发展中考察一下，我们还是能发现不少老街所独具的魅力。

清末民初，七宝镇区有张震和米行等花米行三家，杨鼎源、瑞昌、协盛、王新义、泰记、公泰、鸿记、义茂等轧花厂、弹花庄十余家，私营油车十余家。1927 年时，镇上尚有东永兴、程谨记、源泰、曹万生等八家较大商号经营土布。

南大街以熟元糕、百果大麻饼、胶切糖著称的义茂茶食号，创设于清咸丰六年（1856）。汪鼎昌茶食号以浇切糖、寸金糖、苏式素月饼为品牌，开业于光绪二十六年（1900）。

叶聚兴糕团店在清咸丰年间已闻名四方，清明节前后上市的青龙饺，以新鲜麦叶砧汁调和糯米粉，猪油豆沙作馅心，只只碧绿清香，糯软可口。1912 年，王万顺开出大饼油条店，品种丰富，顾客盈门。1931 年，镇上新开裕兴点心店，以软香糕赢得顾客，成为地方特产。

民国元年（1912），镇上新开潘福兴菜馆。次年，北大街又开四如春饭店，以红烧羊肉闻名，促使当地形成无此不成席的习俗。镇上的肉庄、鱼行、豆腐坊散布各处，各具特色。

镇上的国药店不少。北大街有宝生堂和恒山堂，都始于清咸丰年间，为百年老店。南大街有永和堂和童涵春，建于二十世纪三十年代初。宝生堂自制的“五圣散”“宁神丸”，永和堂自制的“眼疾药”，都属独到处方。当地有名医张氏、顾氏、毛氏等，均曾在镇上设立诊所，专治疑难杂症，享有盛名。

民国年间，北大街有杨鼎源漕坊，南大街有永记酱园，前店后作坊，供应油盐酱醋酒。

镇上有郁同盛、孙同盛等七家家具店（乡人习称“嫁妆店”）。南西街薛林芳的刻花作技艺高超，专制床柜花板。

1935 年，北镇西市开办了一家公共浴室（俗称“混堂”），取名“西湖浴室”，设有女子部，引起不小的反响。蒲汇塘来往船舶频繁，客商晚息必到此泡澡，热闹非凡，以至有了“浴堂街”。

茶馆书场

江南集镇多茶馆，或傍街临河占个好市口，或街头巷尾辟个清雅处，形成了一道独特的风景。镇上若是没有一家茶馆，民众会不知如何消遣时间，这镇也许便难以称作是个镇了。

集镇茶馆内，大多摆着八仙桌、长条凳，使用长嘴铜壶，有晨、午两市。镇上居民和上街农民喜爱孵茶馆，喝茶歇脚，聊天消闲，听书娱乐，一坐数小时，何等逍遥自在。茶馆有大有小，格局不同。大的称茶楼，是有钱人和讲体面者消闲、聚会、谈生意的场所，加上内设书场，日日是镇

上最热闹的市口。那些两三个门面的茶馆，人称吃清茶小店，虽缺少风光，却更显自在。清茶中加橄榄，称“元宝茶”，风味别致。夏日里，有小店撑起遮阳棚，摆开八仙桌，称作“风凉茶馆”。而有的茶店，规模不大，有客光顾，便煽起风炉烧茶接待，被人戏称“来扇馆”。有的则以炉灶为主，供应熟水，这便是老虎灶（泡一瓶水要付一根预购的筹子）。那些小茶店也有常客，往往是聚赌场所。此外，也有卖茶兼卖酒的店家，有人撰联曰：“求名忙，求利忙，忙里偷闲，吃杯酒去；为工苦，为农苦，苦中作乐，泡碗茶来。”

当年，稍大的茶馆内多设书场，以演唱评弹、评话为多，还有本地艺人说沪书、敲单片（钹子）、锣鼓书、唱滩簧等，深受茶客欢迎，经常琵琶三弦一响门口就高挂“客满”水牌。茶馆大多是普通百姓休闲娱乐的场所，世俗之地，然而都有尽显风雅的店号。

二十世纪三十年代前后，七宝镇上人气旺，时有茶馆十八家。单看这些茶馆所取的店名，就可想象到那时的茶馆风情：地处蒲汇塘桥西堍，开业最久的是“一品楼茶园”，临河三上三下门面，规模独大，楼上可品茗，楼下有点心，茶客以士绅居多，生意兴隆，却不显张狂。而双开间门面，以镇北农民茶客为主的茶园，号称“第一楼”。相邻的“天一楼”建了三层楼，能登高望远。“天水茶园”位于康乐桥北东堍，寓天外来水，另有一功，茶客不少是为洽谈雇工修船、砍树的苏北人。北横沥南浪家桥堍的“夜乐茶园”，重在夜市，是独轮车夫待客之地，后被好事者戏言成歇后语“七宝茶馆——（雨）夜落”。改称“长乐茶馆”后，又被人称为“夜落变长落”。塘桥东堍北东街的“龙泉楼”，显得风雅。竹行弄口的“喈凤楼”，有三个楼面，是本地农民集聚地。南大街的“汇水楼”有四个楼面，有书场，是全镇最大的茶馆。典当街的“东圈门茶园”，也设有书场，后改称“隆兴茶园”。南西街的“临溪阁”，紧倚蒲汇塘，名符其境。而典当街的“得意楼”，讲究的自得其乐。南大街的“永安茶园”，兼营旅馆。位于南城隍庙，四周树木森森、小桥流水处的夏季风凉茶馆，店号朴实，称“大堂茶园”“廿三厅茶园”。塘桥南堍的“桥楼茶馆”，特制古式扶梯，泊船渔民上岸即可登楼吃茶，而且将塘桥风光尽收目中。那些小茶馆，尤其是乡村茶馆则大多以老板的大名或诨号为店名，甚至未挂匾额，一个茶幌便招来过路客，一个土到家的称呼也名扬八方。

1937 年 10 月，侵华日军飞机轰炸七宝镇区，“得意楼”“桥楼茶馆”被毁。

经典建筑

清咸丰兵灾，使七宝镇区的主要建筑大部被毁，大户人家北镇仅有北西街张氏宅院、徐家弄的黄同兴宅院及“解元厅”、北栅口的吕氏宅院，南镇仅李氏宅院得以幸存。战后民疲财穷，重建的民居罕见高第华屋。

沿街大抵为两层小楼，沿街面楼上玻璃木窗，板条贴面，略有装饰；底楼是木板排门和玻璃木窗，一般设店铺，楼上辟亭子间，为主人居室。其后为小天井，再后为庭院，植以梅、柿、皂荚、枸橘等乔木，有的设作坊。蒲汇塘及横沥河两侧的民居多依河而筑，临街亦开店。水上建有后廊，俗称“后水阁”“吊脚楼”。

1867 年，七宝圣母天主堂在七宝镇南街落成，给遭遇咸丰兵灾之后的古镇带来新的生机。经过 1896 年、1912 年、1929 年三次扩建，七宝圣母天主堂逐渐形成规模，替代昔日七宝教寺的繁荣，成为古镇的新地标。

这座教堂建筑镶嵌在民居之中，鹤立鸡群，影响着乡人对建筑的审美观念，老街上新建的店铺吸收了“洋味”，采用时尚建材和新兴工艺，民居宅院内也出现了“赶时髦”的建筑元素。

二十世纪二三十年代，七宝老街大户人家闻风而动，尝试营造中西合璧风格的建筑。本地一向流行绞圈房子，此时出现了绞圈式楼房。

北西街上，在朝鲜汉城担任中国外交官的张维城的父亲张鲁卿、叔父张彬卿，当年分家时以祖宅总客堂为界，东侧房屋属兄长张鲁卿所有，称东房，西侧房屋为张彬卿所有，称西房。分家后，张鲁卿经商有道，在北西街、北大街上开设的“震和”商行生意兴隆，房有上百间，地逾二十万

平方米。西房张之珍（字伯藩），时任七宝北镇自治乡董。张家住宅始建于北西街西栅口近西石桥处，因火灾而毁。1932年前后，移北西街东段重建。东房张维城住宅为五开间两层楼房，南北三进深，居中为正房，环绕天井设有走马楼。前天井后面底层是氏族总客堂，挂有张氏宗祠“四维堂”匾和中华民国大总统徐世昌题额“乡国垂型”匾，下方悬挂由名家显贵书写的家训条幅，北侧有伴弄。宅院砌有数丈高的封火墙，高处为三层翘首飞檐。今为张充仁纪念馆用房。

这种绞圈楼房，开间面积阔绰，布局追求“派头”，正屋追求“规正”，卧室追求“适意”，因此比城区的石库门房子更显气派。同时，保持祖传习惯，讲究坐北朝南，绞圈而建，中轴对称，空间紧凑，粉墙黛瓦，色彩清淡，传统屋脊，两端护墙，前有天井（俗称“庭心”），后有花园，内院方正，进出方便。居住仍讲究长幼有序，保护私密。底楼正屋延续传统习俗仍称“堂”，俗称“客堂间”，一般都挂有祖传匾额和祖辈画像，但陈设皆用新式红木家具。可惜，因无力自行解决给水系统（没有自来水），室内仍没有设立厕所间。

七宝镇南横沥12号宋家宅院，业主宋筱溪（1848—1930）。光绪二十四年（1898），为了在七宝竹行弄老宅内开办铭恩学堂，到南横沥港西岸购地八九亩，着手建造新宅。一年后，新宅部分建成，举家迁入。民国四年（1915），宋晓溪次子宋廷模（后改名时杰）自菲律宾国立大学毕业回国后，发挥所学专长，大兴土木，续建宅院。一年后，又有长子宋廷楷按图完成装修工程。新宅沿横沥港而建，系一绞圈，外形为中式高墙平房，墙头有精雕细镂的浮雕，外人只见双开黑漆石库大门和水桥码头，而围墙内设计精巧，内部装修呈西洋化。四间主屋面向东南，屋后有走廊连通，屋前天井花岗岩石板铺就。天井顶端是临街门厅，双开黑漆大门。进门厅迎面嵌有镂空花窗的屏风墙。整体建筑中西合璧，气宇轩昂，又不显山露水。

文昌宫与三善堂

七宝原有文昌阁，毁于清咸丰兵灾。后来，本地文士在塘南浴堂街与典当街东北侧再建文昌宫。这是一幢三开间两进深的两层楼房，中间为天井，两旁有东西厢房，后棣房屋底层正厅供奉孔子神位。当年，这里是镇上要人碰头议事的场所。

三善堂在文昌宫西面，由镇上“从善”“继善”“复善”三处善堂合并而成，故名。拥有田产七十五亩。专办接婴、恤嫠、埋葬等事，灾荒时施粥放粮赈济灾民，寒冬时收殓埋葬街头倒毙者。清末民初地方自治时，在此设南镇乡公所。

水陆交通线

本地区河网纵横，修路必须架桥，无船难以远行。当年，轿子、独轮车、农家罱泥船代步出门，外出主要靠水上交通。唯有富人家备有平底方头船，俗称“马头船”，因其船头方形，虽可载重，但行驶缓慢，去一次松江城，最快也要大半天工夫。

清光绪十二年（1886），松江地区始有乌篷船往来乡镇间载客运货。绍兴人经营的乌篷船，俗称“脚划船”“绍兴船”。船底长而尖削，船夫在后艄以双足蹬桨，走水甚快。莘庄镇上曾有“潘阿万脚划船”载客运货，专航泗泾，每天往返一次。后来，发展到直达松江城，两天一个班次。

若是先到七宝再去泗泾，这“十八里水路”，自有本地“高升船”与“阿毛船”送客，每天上午由七宝去泗泾，下午从泗泾回七宝。“高升船”“阿毛船”停靠在北西街的水桥边，乡人均称方便。沿途经过小渡船、九里亭、龙珠庵、朱子良桥等地，乘客可以上下船。客源兴隆后，船上舵工由三人增加到五人，享誉一时。

民国元年（1912），有姚姓宁波人在七宝镇上开设客船栈，备有航船

六条。后来，塘桥南北又开设沈家、朱家和汪家航船班，运货载客，闻名四乡。

七宝镇区外出的陆上交通，长期依靠三条称作“官道”的土路。据老一辈人说，向南通往莘庄的官道，在出镇南的一段，曾铺有青石板，也算有些气派。其实，此“官道”基于古冈身，地势高亢，曾为“秦皇驰道”，传世已千年。

1932年，青浦县政府启动兴筑青沪公路。1936年7月，正式通车不久，因虹桥飞机场一带划为禁区，青沪公路在七宝镇北面的林家桥处垂直折向七宝老镇，与正在兴筑的漕宝公路衔接。同时，在吴家巷镇至七宝镇之间兴建了吴宝公路。

1937年，七宝镇向东通往漕河泾镇的漕宝公路竣工。1947年10月，漕宝路辟公交上松长途汽车线，东往上海市中心城区，西去松江城。就此延伸为上泗路，后称沪松公路。

同时期，内河客运有了新发展。1935年，松江“泗泾汽船行”建立，辟泗泾至莘庄的航班；青浦建立“安利轮船公司”，辟朱家角至上海市中心城区的航班；“便利轮船公司”辟泗泾至徐家汇航班。这些航班均途经七宝镇，每日一班，乡人称便。

饥民抢粮风潮

所谓“南钱教案”

清光绪二十三年（1897），上海奸商勾结外商，大量收购本地大米出口，并乘机哄抬米价，激起民愤。六月，泗泾、七宝等地上万乡民聚众向囤户购米，并怒焚了泗泾镇横塘圣母领报堂。官府生怕引起抢米风潮，被迫开仓平粜，平息事态。

次年五月二十一日（7 月 9 日），一场“酸雨”使本地树木、禾苗大多枯萎。眼看田间绝收，市镇米价随之飞涨，城乡人心惶惶。官府急令禁运大米出口，以保米价稳定。华亭、青浦、娄县不时爆发饥民抢粮事件，遭清兵镇压。

六月十四日（7 月 21 日）晚，有两群饥民来到娄县三十五保乡董张渠卿居住地钱家塘请愿，要求大户人家开仓平粜。张渠卿等大户人家均称宅内未储米粮而一口拒绝。

眼看饥民要抢粮，张渠卿只得向南钱天主堂神父求救。南钱天主堂（堂名“若瑟善终立保”，又称“圣母立报天主堂”，归七宝圣母天主堂管理），始建于光绪二年（1876），堂屋由张渠卿捐赠建造，因此俗称“张宅家堂”。

第二天，大批饥民一起涌到钱家塘，砸开张渠卿家中米仓，哄然分粮。南钱天主堂的乔姓神父出面强行阻拦，触犯了众怒。饥民们愤然焚烧了数间张家房屋，而毗邻即是教堂，因而被视为焚毁了天主堂。

于是，乔神父慌忙向天主教上海教会禀报所谓“南钱教案”，夸大饥民抢粮实情。教会即与上海道台交涉，要求捉拿祸首，并给予赔款。

官府恐慌失策

光绪二十四年（1898）八月初六（9 月 21 日），本地有张书绅、李颂芬、冯祖寅、骆文华、张允臧、张亦韶等乡绅赶到娄县县衙，向知县屈泰清（字吉士）禀报，声称：近来恶丐结队成群逗留乡镇，或数十，或数百，肆行无忌，并不畏法，于镇则强索钱文，于乡则开仓抢米。光绪八年间出示禁约，岂知该丐等仍不奉法，愈聚愈众，以强为胜。六月十四日，聚集南钱开仓抢米，攫取衣饰，并扬言有三千之众相约而来，致使民心惶惶难安。屈知县是浙江平湖人，在任候补分府，新近刚到娄县赴任，闻讯大惊，连夜带队前往南钱村弹压，发出告示称："凡饥民爬抢粮食聚众十人以上，为首者斩，如有持械威吓者，不分首从，一律斩。"

当时的《申报》记载："自饥民抢米事起，地方官深恐牵涉教堂，上贻君父之忧，故咸振刷精神，妥为弹压。"

洋人敲诈赔款

事后，娄县知县屈泰清屈服于法国教会的压力，在徐家汇天主堂与教会方面初步议定，赔偿白银一万八千两，约日交付。

面对如此敲诈行为，屈知县十分无奈，只得上报苏松太兵备道蔡均。道台蔡大人生怕得罪洋人，竟然答应教会的要求如数赔偿，还下令向娄县、华亭、青浦等三县民众强制摊派，并命令三县通力合作，立即凿石备料重建教堂。

不久，娄县知县屈泰清、华亭知县刘有光、青浦知县汪瑞曾联合在三县各镇勒石立起《华亭、娄、青浦三县永禁饥民抢粮碑》，明令"自勒石之后，如再有恶丐逗留在境，立即随时鸣保，协同该处实力驱逐，不准片刻停留"。

光绪二十八年（1902）秋，南张新教堂落成，竟比原有堂屋扩大了约十倍，完全以传教士仿效罗马式建筑风格的主张建造，气势夺人，在上海地区首屈一指，因此人称“小罗马”。

晚清名医别传

张慎斋

张慎斋（1806—1877），生于清嘉庆十一年。年少习医，自学成才，在七宝镇上驻堂行医，因擅长中医妇科而名显一方，广受敬仰。

张氏是中医世家，世居七宝镇西首的俞家巷（今闵行区七宝镇联明村）。俞家巷村里，嘉庆五年（1800）就建起了天主教堂。张氏家族笃信天主教。

相传，咸丰六年（1856）夏天，本地遭遇大旱，“蝗自北来，捕杀至数百斛”，乡村夏熟全荒。一天，四乡饥民聚到七宝镇上，议论着要抢富户人家的食粮活命。

张慎斋闻讯到场，好言相劝乡亲们：“大家散去吧，免生祸事。”而此时，县衙门派出的七只催粮大船停靠在蒲汇塘桥桥堍，饥民顿时与收粮官冲撞起来，结果粮船被点火烧了。

张慎斋因在场而被诬为“烧船案”祸首。第二天，县衙门即发出了捉拿张慎斋的告示。

灾祸临头，张慎斋只好出外避逃。但风声越来越紧，张家只得宣告“张慎斋已亡”，还在俞家巷“出棺材”，像模像样地办了丧事。县衙门听说张慎斋死了，案子便不了了之。

从此，张慎斋不敢再在七宝镇上挂牌行医，乡亲有急病求医，他只得避匿在网船上为病人治病，还改名为张在亡。如此熬过了三年多，案子终于平息，他才正名为张在王，公开露面行医。

后来，儿子张朴良（1840—1919）虽继承祖业，但眼看守在俞家巷难以发展，就在光绪三年（1877）张慎斋去世后，将全家迁往上海闹市区的八仙桥，寄身于药房驻堂行医。

闻知土山湾孤儿工艺院的名声，1890年，张朴良把已二十岁出头而无心学医的儿子张少圃托付给沈则宽（1838—1913）神父，希望儿子能在此学到些好手艺，日后好自立生活。

张少圃学绘画，习雕刻，几年后满师，成了工艺院木雕工匠，专事雕刻中式建筑用的装饰花板。由沈神父牵红线，张少圃与圣母院女工作坊做刺绣工的殷莲子结下姻缘。夫妻俩结婚多年却未孕，就在孤儿院领养了一个男孩，取名张充嘉。不料二年后，殷莲子却怀孕了。光绪三十三年八月十八日（1907年9月25日），殷莲子终于产下儿子，因身材较小，乳名称阿小。后来，为其正式取名张充仁。只是当时谁也没想到，这个孩子日后会成为享誉世界的雕塑艺术大师。

徐璞山

徐璞山

徐璞山（1825—1900），娄县三十五保二十五图龙归庵徐家宅（今属松江区九亭兴联村）人，其父徐鹤亭。少年时，师从诸翟镇某僧习武。

清道光二十五年（1845），徐璞山考中武秀才。他惯用一把一百二十斤重的大刀，挥舞得习习生风，家中备有六块练武石，收门徒及子侄练武。因常有跌打损伤之事，乃自习伤科，并研制伤药、伤膏，遂精于此道。

自同治四年（1865）起，徐璞山在七宝镇上的设伤科诊所，善治骨折、脱臼。相传，他治伤专以“手法”著称，然后敷以膏药。对骨折患者，先拿捏复位，而后敷药，再用夹板固定进行包扎。对脱臼患者，用“拔伸”的手法，疗效极佳。

浦东有一男孩，患陈旧性肩关节脱臼，其父带他来七宝就诊。徐璞山见状，便劝其父远离回避，然后吩咐子侄五人，两人抱住病孩，三人动手拔伸，经四次折腾，方获复位。病孩号哭叫喊，汗浸衣衫，其父暗自哭泣，不敢入内。转眼闻说儿子竟然已经关节复位，便闯进诊所，携子跪地叩谢。

此后，经二代实践，徐氏伤科医术日益成熟。对肩关节脱臼在一二天者，施“高举复位法”即可复位。对软组织损伤者，采用推拿、针灸，再用伤膏药外敷，并伤药内服。对急性腰扭、项扭损伤者，经其“手法”治疗，“病者弯腰而来，挺腰而归；歪头而来，活动自如而去”。因此，他在松江府地区盛名不衰。

光绪六年（1880），徐璞山得知本地毛耕渔要创办七宝皮影戏班，便慷慨地出资相助，促成其首演成功。

徐璞山生有四子，长子徐挹卿，武功惊人，声誉不衰；次子徐南卿；三子徐秀卿，为武举人；四子徐涤卿，承家学，文医皆通，可惜早逝。孙子四人，其中徐剑寒（字宗竟，1891 年生），自幼敏而勤学，先后在泗泾、七宝小学任教，后任松江县教育局第四学区视学员。抗战爆发后，继承家传的医学伤骨科开设诊所，并在七宝、泗泾、莘庄等地药店设特约门诊。其子徐鼎隆、徐鼎鳌、徐鼎霖均成为知名中医师。

近代望族

北镇杨氏家族

清末，七宝镇北东街杨崇道在镇上开设商号，出任七宝乡董。

杨崇道之子杨光霖（1862—1907），字雨苍。清末廪贡生，候选训导。光绪三十一年（1905），杨光霖与张之珍（1871—1925，字伯藩）捐资在七宝教寺财神堂创办明强学堂。光绪三十三年（1907），公共租界工部局越界筑路，杨光霖率领当地绅耆敦促政府干涉，并发动乡民将界桩全被拆毁。他义正词严，英国人只得无功而返。秋八月，在英租界无端遭车祸，致不治而终，时年仅四十五岁。

杨光霖之子杨纪庚（1890—1925），字培天，号非柳。清光绪三十四（1908），考入苏松太道立龙门师范学堂（原为上海龙门书院）。宣统元年（1909）五月，荣获第二学年学科最优等奖单。后转赴南京，考入两江师范学堂（南京大学前身）农学博物科。宣统三年毕业后，即在七宝明强两等公校任教，并担任七宝北镇经理员。民国初，应聘任南京临时政府秘书。因袁世凯窃国，返沪，为《申报》“自由谈”栏目的时事撰稿人。与南社姚柳俞过从甚密。民国元年（1912），创建上海通俗宣讲社七宝支社，进行通俗演讲，宣传新风俗、新知识。1925年去世，年仅三十五岁。

同族杨光华（1872—1944），字雪樵，世居七宝北镇。六岁丧父，十岁丧母，由兄长抚养长大。成人后，始以捕鱼为生，后经商。清光绪十五年（1889），跟随兄长创建“杨鼎源商号”，经营酿造、纺织业，产品销四乡。民国初，独立经营轧花业，用脚踏轧车代客加工。并在老街设有南、北酿酒糟坊，分别酿制黄酒、白酒，所酿“七宝烧酒”适合本地人口味，

广受好评。民国十九年（1930），又增设东、西糟坊，提高白酒生产能力，为了确保老酒质量，不惜工本，决意到青浦淀山湖去取水来酿酒，并在北横沥港扩建专用码头。二十世纪三十年代初，率先购买四十台轧花机，后又购柴油机，扩大轧花工场规模，轧机增至近百台，生产效率倍增，业务领先同业，产品主销上海荣氏纱厂，所需棉花除本地外，还从浙江大量采购。民国二十三年（1934）底，又增设酱园，购进永记酱园原有设备，生产酱酒、豆瓣酱及酱菜，拥有缸千余只，甏万余只。酱菜以食指萝卜闻名。民国十七年（1928）起，出任七宝北镇镇长。“八一三”事变后，所办糟坊毁于日本军机轰炸，经营转向碾米和轧花。七宝沦陷后，被迫出任伪维持会会长，不足一年即告辞。民国三十三年（1944），病逝于家中，享年七十二岁。

徐家弄黄氏家族

清代晚期，北镇徐家弄弄堂口38号即是黄同兴宅院。“黄同兴”是七宝黄氏人家的商号，祖辈来自徽州绩溪，在老街上开设布店、咸肉庄等多家店铺，人丁兴旺，实力显赫。黄氏宅院马头墙出挑，云墙高耸，充满徽派建筑的神韵，俨然在北大街称雄。东侧即是著名的吕克孝故居“解元厅”。

清咸丰、同治年间，“黄同兴”家黄正春生有黄嘉缙、黄臣缙、黄珊洲三个儿子。黄珊洲生有四个儿子，长子黄律声，次子黄鲁臧，三子黄云峰，四子黄聘伊。因长兄黄嘉缙无子女，次兄黄臣缙生二女皆已嫁，即将长子黄律声给长兄立为嗣子。黄律声去世后，又将次房长孙黄锦祥给长兄立为嗣子。因此，虽早将祖传家产视为四股，但坚持合为“黄同兴”一体，彼此不分厚薄，家中从无闲言。

光绪二十四年（1898），黄珊洲年近七旬，身体已弱，自知今后难以亲自总理家政了。于是，他只得决定将父亲黄正春所传的店业交给儿子们管理。分门立户时，他再三叮嘱儿子们：“勤以治身，俭以治家，谊笃友恭，

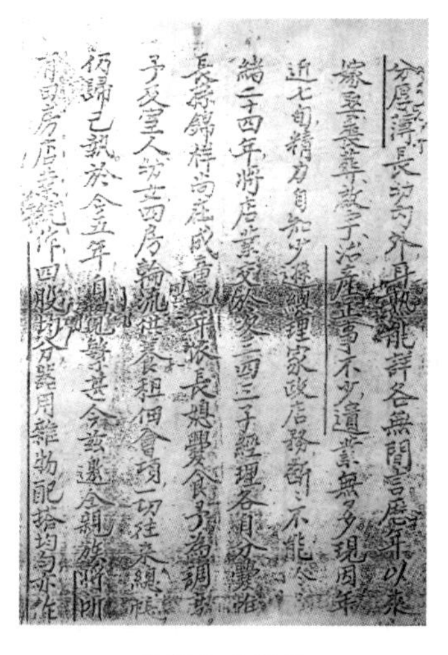

黄家分户契约

如足如手，并未分析各囊。”此时，孙子黄锦裳尚年幼，指定长媳尽心扶养，老夫妻和幼女由四家轮流供养，在往后五年内，租佃会项往来总账仍由黄珊洲亲自执掌。

此时，黄珊洲拥有田产二百四十余亩。“黄同兴”宅院有老宅和新宅，老宅为绞圈式，前后三进，有五开间上下门面房，跨过井堂为正厅及上下楼房，两侧为南北厢房上下楼及披屋，第三进为上下四间楼房及辅助用房。黄珊洲将房产做了仔细的分派，墙门间、正厅、后堂等部位为公用。新宅为平房。另在娄县有“万云阁”店铺楼房产权。

光绪二十九年五月，黄珊洲邀来同族黄义园、黄鹤生、黄湘舲、黄纪渔和亲友吴云屏、卢锡洪、马啸园等作证，公开将所有田产、房产和店业分成四股，器物用具搭配均匀，并立下契约，要求从此遵守祖训，“克勤克俭，昌大门闾，启后承先”。儿孙们言听计从，一切照办。徽帮人家最看重的是家风的传承和祖产的保全。

黄锦裳长大后，遵照父辈的意愿成家立业，生了三男二女，儿子黄自龙、黄自能、黄自荣，女儿黄勤志、黄维琴。而时代正在变迁，传统也发生了蜕变，黄家后代看重的并非祖传家业，而是民族兴亡。

南镇李氏家族

李启贤（1887—1964），字林馥，出身七宝南镇世族。祖籍湖南洞庭，明崇祯年间避战乱而迁居七宝，至其为十一世。李氏家族人丁兴旺，号称七宝“李半镇”。

清光绪三十一年（1905），李启贤入上海县学，为七宝镇最后一名秀才。通《易》，知医，长期为上海千顷堂书局编校历代中医药用书，有《重

刊巢氏诸病源候总论》（民国七年春月重校）、内科专著《慎柔五书》（明代胡慎柔编撰）、《说疫全书》十五卷（清道光年间初刊，民国十二年重校）、《药徵全书》（民国二十年校订）等经典文献。民国十三年李启贤辑成《诊断学汇编》，出版千顷堂书局石印本。

李启贤还擅长书法篆刻，推崇魏碑，名扬上海滩。民国十四年（1925）四月，中华书画保存会审定印行《近代名贤印选》四册，李启贤的印章入选其中。

李启贤对中医学的研究不断深入。他在研读清代名医叶桂（1666—1745，字天士，号香岩，别号南阳先生）《叶氏医案存真》的过程中，遇有会意者，逐条采录，积成百案，并为之发挥疏证，遂编撰成《叶案疏证》二册。书中一案一法，每法先摘录叶桂医案原文及药物，继以疏证。疏中多反复讨论医理之奥妙难明者，证中多论述药物功效及用药方法，清晰揭示叶桂的学术之成就与特点。1937年，《叶案疏证》由上海求恒医社初刊出版。

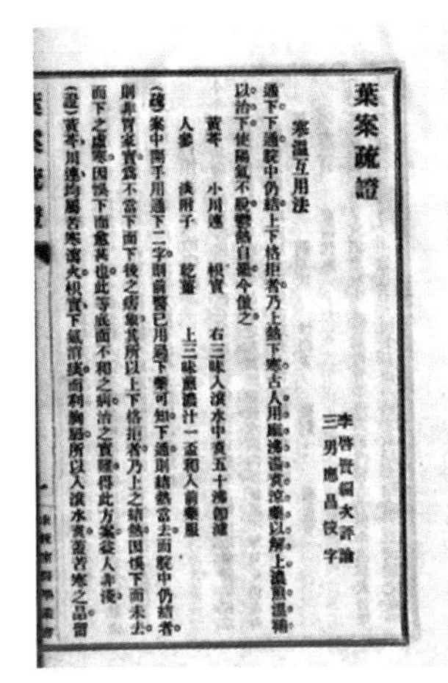

葉案疏證

李啓賢嗣大評論
三男應昌校字

寒溫互用法

黃芩　小川連　枳實　右三味入滾水中煮五十沸即濾

人參　淡附子　乾薑　上三味煎濃汁一盞和入前藥服

《叶案疏证》书影

上海沦陷后，李启贤率全家随抗日队伍西撤，后未果而返回七宝。

民国三十六年（1947）4月，李启贤与七宝国民学校校长强翼如等十余人，联名呈准上海市教育局组织创校“上海市立七宝农业职业学校”筹备会，利用南七宝寺及蒲溪道院原址作为建校基地。李启贤、李永泉等捐资建造了十二间平房并改造城隍庙作为校舍。

南洋模范中学七宝分校建立后，年已七十岁的李启贤出任语文教师，赢得师生敬仰。

上海解放初，李启贤送一双孙儿孙女参军。他晚年仍白皙而斯文，一袭黑色大褂宽大垂膝，喜穿扎脚裤、白布袜、圆口鞋，前朝遗风依旧在身。1964年，因病逝世，享年七十七岁。

其子李应昌长期从事中医，为曙光医院著名医师。

族兄李启仁，字绮诚。清末秀才，与陈行秦锡田（字君谷，号砚畦）、莘庄张虞庚（字愚耕，号乐韶）是上海县学同学，交往密切。光绪季年，应三林学校校长秦锡田之邀，李启仁到三林学校执教。

光绪三十四年（1908），李启仁与张之珍、李昌然等利用北城隍庙房屋开办公立启秀女子初等小学。

族兄李芳泽，清末秀才，也是热血青年，率先剪掉了头上的辫子，还在三善堂内开办新民小学。

民国4年（1915）8月，上海县署成立宣讲所，在西门内也是园设事务所，李启仁任主任。

李郁盛，1947年2月当选龙华区区长。

李氏兄弟合影

北西街张氏家族

七宝北西街张氏家族的祖籍在安徽九华山一带。清道光年间，张氏先辈来到七宝老街经商，先是凭借水路长途贩运家乡土产，后在蒲汇塘桥桥堍设摊卖米。遭遇“咸丰兵灾”，人心惶惶，米价起伏震荡，张氏冒险经营，忍受艰辛。同治年间，借七宝老街重新繁荣，站稳脚跟后，在北西街

租房开设“张震和米店”。张氏店业逐渐发达，随之合家定居，在北西街西栅口西石桥附近购地建造住宅。

光绪年间，张家张鲁卿和张彬卿兄弟俩分立门户，以祖宅总客堂为界，东侧房屋属兄长张鲁卿所有，称东房，西侧房屋为张彬卿所有，称西房。分家后，张鲁卿经商有道，在北西街、北大街上开设的“张震和”商行生意兴隆，房有上百间，田地逾三千亩。先后娶项氏、黄氏、赵氏三房太太。三姨太赵氏连生张雅云、张秀坤两女而无男丁，经长辈出面协商，张彬卿将长子张之珍过继给张鲁卿。后来，赵氏生下张维城、张维苍（又名国珍），张之珍回归西房。

张维城（1894—1941），又名维仁，字廷珍，号子城。求学于上海龙门师范，后入吴淞中国公学商科，兼攻新闻学，深得学校创办人于右任器重。继进北京大学，获法学士学位，亲历五四运动。在北京、青岛等地从事新闻工作，又赴日本考察政治经济，归国后任北京华北大学教导长。期间，加入“南社”。1922 年 9 月，王宠惠任北洋政府内阁总理时，被任为副秘书长。1923 年南返，先后任教于中国公学、上海法学院、爱国女校大学部。1926 年，在于右任、邵力子支持下，任北京“正谊通讯社”社长。1928 年初，“五・三”济南惨案发生，负责督办“山东事件”的宣传工作，并协助外交部筹组情报司。1929 年 1 至 9 月任司长。孙中山先生灵柩南迁南京中山陵时，担任奉安大典委员会委员和礼宾司司长。旋以公使衔任驻朝鲜汉城总领事，被领事团推选为首席总领事。1931 年 7 月，调任驻芬兰公使代办。

张维城

1903 年张鲁卿病故，张维城年仅八岁。因母亲晚来得子而力主长子早婚，1911 年，张维城十六岁在龙门师范念书，按父母之命娶七宝镇东南沈家堰沈欢明。先后生子张承化（字剑龙）、张承苍（字剑鸣）、张承杰（字剑鸿），生女张凤英、张杏英、张秀英、张雅英。1929 年，张维城出任中国驻朝鲜总领事，需偕夫人同行，而当时妻子沈欢明膝下的二儿三女需要教养，不便出国随行，因此他又娶外交部中医之外孙女、苏州女子张文珠为二姨太赴朝鲜任职，后生下张丽英、张承俊（字剑青）。

西房张彬卿虽有祖传的数百亩田地，但是不善于经商，以至家境比东房差很多。他却不以为然，娶杨氏为妻生下张之珍，又纳塘南李氏生下张自珍。

张之珍（1871—1925），字伯藩，光绪年间廪贡生，由东房出资捐得官衔，1902 年出任杭州城北保甲局局长。次年因张鲁卿病故，即辞职归里服丧，主动宣布放弃其东房立嗣子身份回归西房，放弃本可继承的东房部分家产，此举在乡间被传为美谈。

此后二十余年，张之珍担任七宝北镇自治乡董。光绪三十一年（1905），他与杨光霖（字雨苍）发起捐资在七宝教寺已废黜的财神堂创办“明强学堂”。次年，又一起发动当地绅耆抵制工部局越界筑路。光绪三十四年（1908），与镇上秀才李启仁（字绮诚）等利用北城隍庙房屋开办启秀女子学堂（后并入明强小学）。光绪末年，又在镇北观音堂创办民铸小学堂。可惜，他当初在杭州任职时就染上鸦片瘾，陋习难除，身体受损，1925 年 5 月在家中病逝，终年五十四岁。大太太来自松江九亭镇首富夏家。二姨太是上海老厢城茶楼卖唱女子，嫁到张家，终生未育。三姨太是本地陈家巷农家女子吴联珠，生子张兆江，生女张云绶。四姨太翟大妹（1894—1876）原为内房丫鬟，江苏盐城建湖人，生三子一女。

张自珍继承祖业，一直在镇上经营张震和商号各店，支撑着张氏家族。娶妻杨氏，生有一子一女。

其子张承烈（又名张斌、张正昌），新闻专科学校毕业后，入日日新闻社当记者，娶莘庄镇富商之女周福云（又名周福英）为妻。成亲时，周家送来七只大船的嫁妆，而第七只船里装的是莘庄的河水，既显“有财有水（势）”，又寓意“两地河水融合，夫妻丰年好合”，顿时轰动七宝镇。抗战爆发后，张承烈回到七宝老街，接手经营米行。1945 年，不幸遭遇土匪绑票，因担惊受怕，突发急病，去世时年仅四十岁。

1932年前后，因遭火灾，张氏宅院被毁，只得移址北西街东段重建。

当时，东房张维城因九一八事变辞职返沪，在长乐路高福里33号创办“维城律师事务所”。他为自己建造了既有徽派特色又具民国风尚的五开间两层楼房，南北三进深，居中为正房，环绕天井设有走马楼（今张充仁纪念馆用房）。前天井后面底层是氏族总客堂，挂有张氏宗祠“四维堂”匾和中华民国大总统徐世昌题额“乡国垂型”匾，下方悬挂由名家显贵书写的家训条幅，北侧有伴弄。宅院砌有数丈高的封火墙，高处为三层翘首飞檐。

新建的沿河下塘房屋均开设店铺，以米店为主，上塘沿街门面房部分开店，其他用于氏族家居。在“四维堂”名下有四十余亩土地，由东房代管，租金收益用于张宅日常修缮、应付官差公事、对外捐款行善等。

张维城返乡后，努力推动家乡建设，捐款为七宝小学兴建教室；1934年，在莘庄镇道院浜开办占地二十一亩的农场，人称“张家花园”；1935年，与松江李余生等主持疏通蒲汇塘七宝至九亭段；与青浦叶养吾、陈星若等合办青沪长途汽车有限公司。

1935年8月至1937年3月，应监察院长于右任之聘，张维城出任国民政府监察院审计部审计。后赴西安任审计部驻外审计兼陕西省审计处长。1938年，迁成都，在华西大学任教，参与《国际与中国》杂志编辑。1940年，应交通部长张嘉璈邀任部顾问。终因操劳过度，1941年11月15日早晨突发心脏病逝于四川，终年四十七岁。抗日战争胜利后，灵柩运回

张家住宅沿街房屋旧貌

张充仁纪念馆用房

七宝，安葬在仙乐公墓。

张维城胞弟张维苍，又名国珍，吴淞中国公学会计科毕业后，进外交部驻沪办事处工作。后又考出会计师执照，在“维城律师事务所”和“京沪地产信托社”承接会计审计业务。

张维城长子张剑龙（字承化），1934 年暨南大学毕业后，与清心女中高才生陶梦荷在上海爵禄饭店结婚时，由驻日公使许世英作证婚人，于右任、邵立子、张学良、杨虎城、宋子文等民国要人均派人送来贺帖礼金。

南镇宋氏家族

宋筱溪

宋筱溪（1848—1930），名琏，字筱溪，以字行，清道光二十八年（1848）五月二十日生于泗泾镇，后发迹于七宝镇。从上海圣约翰书院毕业后，涉足商界，经营土布业，创办多家企业，友人称其“性直心诚，治家有道”，“毕生运筹建业，饱历艰贞，姻睦任恤，义重财经”。光绪二十四年（1898），年已五十岁的宋筱溪为纪念其先祖宋铭恩一生为塾师，匆匆在南横沥港西购地八九亩着手另建新宅，腾出七宝镇竹行弄 5 号的老屋，开办私立铭恩学堂。一年后，部分新宅刚建成，便举家迁入。1930 年，宋筱溪逝世，家人刊印《云间宋筱溪先生行述》，不少政要、名流为其题字。

宋家新宅房子位于南横沥 12 号，为横沥港西岸上塘房子，临横沥街，系一绞圈，外形为中式高墙平房，墙头有精雕细镂的浮雕，进门厅迎面嵌有镂空花窗的屏风墙。内部设计精巧，独具匠心，经逐步拓展完善，功能齐全，具有外中内西、中西合璧的格调。

1937 年八一三事变后，宋家所办企业多毁于战火。

长子宋廷楷，就读上海麦伦书院、南洋中学，毕业后，主持家政。

次子宋廷模（1895—1983），后改名宋时杰。就读麦伦书院、南洋中学，1911 年考入南洋公学。1913 年，公派选送菲律宾国立大学留学，攻读森林科专业。1915 年，毕业回国，精心营造新宅。1916 年 8 月，被召去南京农业学校执教。1917 年 2 月，出任江苏省立第一造林场（后为中山陵园址）首任场长。1929 年至 1936 年，受聘参与中山陵园和中央陆军军官学校校园设计。长期从事农林事业，为现代林学家。1954 年，受聘南京大学，直至退休。

女婿盛诚桂（1912—2002），父亲早亡，受宋家资助，得以就读。1931 年中学毕业，又受宋廷模的影响喜爱园艺，考入南京金陵大学农学院园艺系。最终成为园艺学家，植物引种专家，中国近代植物园事业的奠基人之一。1937 年，他与宋锦星结婚后，寓居宋宅。1992 年，以八十高龄返回七宝与家人团聚，惜于 2002 年 10 月逝世。

南横沥宋家住宅

开启民智先行者

宋嘉树在七宝布道

十九世纪后期至二十世纪初，基督教新教（本地俗称“耶稣教”）的主要宗派均派遣传教牧师来上海。

清光绪十五年（1889），年仅二十四岁的基督教监理会中国教区牧师宋嘉树（1863—1918，字耀如，教名查理·琼斯）因筹建“耶稣教幼徒会”而触怒上司，被从昆山调到七宝地区传教，妻子倪桂珍（1869—1931，徐光启后裔）同行。是年7月15日，长女宋霭龄出生（疑似生于七宝）。

为了打开局面，夫妇俩从多办善事着手，在七宝地区热情布道。宋嘉树是广东海南岛人，不仅要克服语言不通、习俗相异等生活困难，而且还有经济困难，每月只有十五美元左右薪金，只得边做生意边传教。数月后，宋嘉树利用经商得来的资金，办起了教会学塾，教授英文。倪桂珍怀抱着宋霭龄，办起了孩童乐园。不久，他们又在镇上创办施药所。

夫妇俩身兼牧师、教师、医生多职，任劳任怨，一心一意，给七宝乡人带来新的生气。

宋嘉树在七宝镇上逐渐有了声望。不久，有人悄悄前来找他，希望他充当本地“反清复明”团体的首领。宋嘉树觉得他们不懂得民主政治，是在盲目从事，就倾心向他们传播基督教义所主张的受苦、忍让、宽容、博爱。

然而，清廷得知宋嘉树与本地“反清复明”团体有交往，便下令解散了他的教会学塾和诊所。

就此，宋嘉树夫妇只得离开七宝地区，前往太仓。

宋筱溪创办铭恩学堂

宋筱溪（1848—1930），名琏，字筱溪，以字行，清道光二十八年（1848）五月二十日生于泗泾镇，后发迹于七宝镇。光绪二十四年（1898），为纪念其先祖宋铭恩一生为塾师，匆匆另建新宅，决意腾出七宝镇竹行弄5号的老宅，开办私立铭恩学堂。聘请圣约翰书院大学部毕业生张子炎等前来执教，开设算术、格物、英文、体操等课程，创立时代新风。膝下三个子女均在学堂就读，接收新式教育。

明强学堂问世

光绪三十一年（1905），杨光霖与张之珍发起捐资创办新式学堂，最初拟名“明溪小学”。

杨光霖为光绪年间廪贡生，获候选训导资质，深感“开启民智”的重要，竭力主张同“西人争学”，提倡普及教育以救国。杨光霖亲撰《蒲溪明强学堂捐启》称：“世界一竞争场所耳，始以兵争，继而商争，今且以学争……而影响之所及，有非土地、经济之丧失所能比，其惨烈者，凡达灭种之浩劫焉！”并强调“白人以洪水猛兽之势，横行于中国，吾镇逼近沪江，密迩异族，奴隶犬马之辱，实先内地各乡镇而受之。今以地方之资财，培地方之子弟，到他日者，内以养成国民之资格，外以抵御学战之风潮，不独某等之幸，抑或民生国势之赖以明赖以强也”。可见“明强”两字跃然而出，立意明确。

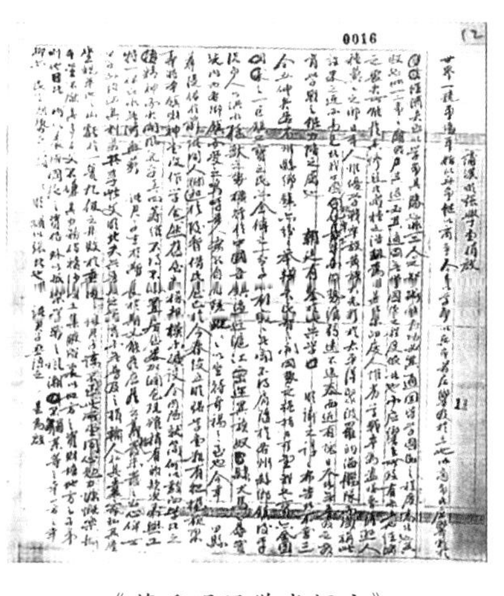

《蒲溪明强学堂捐启》

于是，杨光霖手订章程，筹建校舍。学堂开办之初，租借北西街56

号项姓房室施教。台桌椅凳、图书典籍、体操用具，由管姓人家捐助鹰洋两百元置办。杨光霖亲任校长兼总务，聘用中英文教师各一名。

农历五月二十七日，“明强学堂”正式挂牌开学，隶属青浦县。首批学生三十六人，为复式班。乡人称之为“新法学堂”。

半年后，学堂搬到七宝教寺已废黜的财神堂内。杨光霖聘秀才丁先生接任校长。《学堂校规》明确学科分十门，含有修身、讲经、句读、国文、英文、算术、地理、历史、物理、体操课，并称“遵例不收学费”，“有志于愿任义务，不拘何门，尽可随时来堂教授”。

两年后，学堂扩展，改称“蒲溪明强两等公学”，为完全小学，学生达一百多名。前后三进有房十一间，西有操场，北有旱船及放生池。有学田约一百二十平方米。

今幸存杨光霖亲笔记录的学校创始手册，详细记载了经费收支情况。当时，杨光霖将商铺出租给得月楼、沈大成等店家，每间房屋每月租金十块大洋，均纳入校产。

民国十一年（1922），学校改称“青浦县七宝小学”（1946年恢复明强小学校名）。

首创女子学堂

光绪三十四年（1908），七宝镇区的新式学堂接连开办，形成热潮，影响四乡。

张之珍、李昌然、李启仁、杨伯棠、阮毓根等利用北城隍庙房屋，开办公立启秀女子初等小学，首批学生二十四人，课程有国文、尺牍、修身、家事、算术、音乐、美术等。

张之珍、李绮城还在镇北观音堂庙内创办了公立民铸初等小学堂。

南镇望族李芳泽在三善堂内开办新民小学，隶属松江县。

抵抗越界筑路案

清光绪三十二年（1906），上海公共租界当局以“便利华洋马车往来”为由，筹划兴筑由虹桥通往七宝和佘山的公路，扩展势力范围。工部局勾结青浦张秋成、倪逢伯、蒋鹤年等，盗用地方绅士名义，具状英驻沪总领事。在英总领事的赞同下，公共租界工部局即据以挂牌，招雇民工，筹备动工，并委张、倪、蒋等负责在青浦、上海两县按其所定线路，勘测路面，丈量插标，收买沿线地基。乡人或迫于淫威，或不知内情，出卖了若干田地。

农历十月初二中午，洋人趁乡民用膳之时，船泊七宝横沥港内，车停上青娄三县要冲地带。十余洋人督工匠五十余人，从青邑三十五保头图开始，立标打桩。乡民见状诧异，急忙奔告七宝乡董杨光霖（字雨苍）。

信息传到七宝镇上，顿时群情大哗。杨光霖即带领数十人，赶往出事地点。他先礼貌地发问：“汝等作此何为？”洋人答：“为便利交通兼传教，修筑马路。”杨光霖严正指出：“此系我国内地，岂可擅毁良田民宅，越我地界，侵我民权，无视我领土尊严！汝等应即住手！”洋人不理睬，令工匠继续立标打桩。

杨光霖

杨光霖便鸣锣呼号，乡民们听闻呼唤，潮涌而至，纷纷拔桩砸标。洋人见群情愤怒，不由心慌，狼狈而逃。

当夜，杨光霖与好友张之珍（字伯

藩）一起，发动当地绅耆二十余人联名上书青浦知县田宝荣，认为“青浦系属内地，并非通商口岸，其沿河一带塘路皆系田头踏车戽水、塘粪溉田之处，在在本基，若使开筑马路必致壅塞，田头碍难戽水抛荒农田。伏查中西所立约章，期予各沾利益，并无不便于民之事，是以通商条约只在外埠口岸，现若占入内地，既于约章不符，且稻田戽水耕种之区势不能筑为马路”。并认为即使按中英之间的不平等条约，越界筑路也属违约之举，力陈利害，敦促政府干涉。

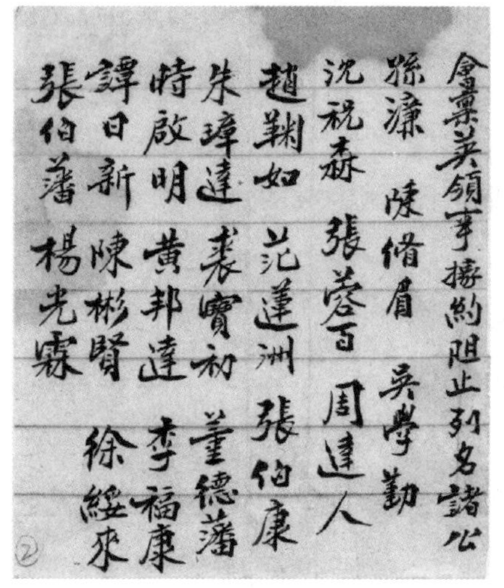

會稟英領事據約阻止列名諸公
孫濂 陳僧眉 吳學勤
沈祝森 張蓉百 周達人
趙鞠如 范蓮洲 張伯康
朱璋達 袁寶初 董德藩
時啟明 黄邦達 李福康
譚日新 陳彬賢 徐經來
張伯藩 楊光霖

上海英工部局為佘山路特派办事費君到西鄉面会紳董情商酌議開办況上海各國洋商于数年前議定章程開通此路以便華洋往来目下開办暨立界石被紳董不允所阻今工部局又派办事人到鄉探听業户民情內有大小数氏一半策着路地均皆樂從有数份業户策去頭角之地厘毫無給田價亦已允送可有田稻水涇已經工部局妥為疏通办理諒無妨碍并有一切墳墓房屋亦可遵路避讓為此聲明紳董轉稟縣憲若再地方阻擋則上海各洋商亦有萬难中止之势且恐釀成交涉大案中國官長似亦未便周抗現英工部局又擬于廿三日勘路築界本已成舟即于中國百姓亦有利無害伏維
諸君子裁度為幸此呈
西鄉各紳董大人 台照

杨光霖等人联名上书

经青浦知县田宝荣上报上海道，道台袁树勋迫于民意，照会英领事，不同意英人擅自越界筑路。同时，杨光霖把禀文抄送《上海时报》。编辑支持正义，隔日即在本埠新闻栏发表杨光霖禀文及道宪袁观察的抗议批示。上海各界为之震怒，群情激愤。

租界工部局不甘心，竟以武力威胁。农历十月廿一日，洋人出动两条小火轮，载兵若干和雇工四五十人，驶入蒲汇塘示威恫吓，并再次沿线强行立界打桩。杨光霖早召开过镇人乡民大会。此时锣声一响，万众云集。洋人慑于形势，不得不退去。

农历十月廿二日上午，租界工部局英人副办、董事贾福来等率译员史悠明，由买办费锡章和倪逢伯、蒋鹤年等人陪同赶到七宝镇上，闯进杨光霖家交涉。杨光霖说：“私室洽谈公事，须作笔录。”英副办贾福来威胁称：“筑路一事，远近乡民均无异言，阁下为何独自阻拦？”杨光霖回击：“我国境内，外人不容侵入。深入内地筑路，系侵犯我国主权，人人均可反对。贵国素号文明，岂可自违约章？”英副办又问：“阁下的意思，是否可再作商议？能通融处请通融，一切费用均由大英帝国负担。若佘山公路筑成，大人自可领赏。”说着从手提箱中取出两张价值不菲的银票递向杨光霖。杨光霖轻蔑一笑，坦然答道：“地方除了谄媚外人之民族，谁会为金钱所诱而任人蹂躏？此种卖国之举，本地父老绝不为也。”说毕，把上千字的笔录交洋人签字。洋人吃了闭门羹，哪还肯签字，愤然离去，还扬言威胁：“杨某，别后悔！”

此后，上海道与工部局继续交涉。英人越界筑路一事慑于上海人民的反对和舆论压力，遂不得已而停止。

然而，颇为蹊跷的是，1907 年 10 月 13 日（农历八月二十六日）下午一点时分，杨光霖赴约找寻会党朋友，途经英租界工部局附近的四马路（今福州路），却被奸人用飞镖击中后背，又被一辆疾驶而来的工部局轿车撞伤，以致不治而终，时年仅四十五岁。

“新文化”结伴而来

步入民国创新俗

步入民国，整个社会开始转型。蒲汇塘桥畔挂灯悬旗，竖起“共和万岁”的标语。街上贴出布告，限期剪发。男子们纷纷把拖在脑后的辫子剪去，有些老者生怕世道再变便把辫子盘了起来。老年男子剃平头、圆头、光头，年轻人留短发、分头，考究者吹风。妇女改梳短发，上生发油或刨花水，城镇流行烫发。女孩子们也都以“童花头”为时髦。时髦者抹凡士林、香水、口红。中山装成为男性公职人员的制服，因推行服饰用土布，土布中山装、土布旗袍也成为时尚。

七宝镇上沿街大店铺、大户人家逐渐拥有留声机、无线电收音机等，响起了时代新声。

民国二年（1913），南镇骆静云、陈秀俊在典当街南街口夏家开办“七宝女子小学”，隶属松江县。

杨纪庚创办通俗宣讲社

民国元年（1912），杨纪庚（字培天，笔名非柳）组织建立上海通俗宣讲社七宝支社，在七宝大寺场上进行通俗演讲，宣传新风俗、新知识，渐而扩大到龙华等地。

同时，杨纪庚为《申报》“自由谈”栏目先后撰写了“游戏文章”《中华民国全体公民上慧星书》《说五》《忠告各党会勿滥收党员》《太上玉皇大帝命令》《责任心与私利心》等，抨击时弊。不久，他应聘担任南京临时政

府秘书。1915 年 12 月，因袁世凯窃国，他辞职返沪。

杨纪庚与青浦俞祖望（字渭儒，一字慧殊，号仗之，南社诗人）过从甚密。1920 年 8 月 14 日，俞祖望创办《青浦新报》，杨纪庚时有呼应。

新兴丝竹清音班

在“新文化”的推动下，民国时期江南丝竹爱好者时常在婚丧喜庆、节日庙会时献艺演奏。按演出性质，可分为“清客串”（又称“跑客串”，原为非职业戏曲票友的俗称）和职业性班社两类。职业性的丝竹班社的演出均收取一定酬金，如同专业戏班。“清客串”是业余性质的班社组织，自与，自购乐器，分工合作，互相切磋，如果邀请名师传授，经费共同负担。他们常常应亲朋好友之邀，以客串形式上门演奏助兴，而不取分文。地方上每逢春秋季举行结社、庙会，他们总会被邀请前去“清客串”一番。

当时，一般殷实人家办喜事都有邀请清音班的习惯。先是随男方花轿到女方“娶亲”，此后“路行”到男家；再是“拜堂”，最后是送入洞房，始终奏乐不停。义务演奏丝竹音乐的班社，广受人们欢迎，其成员大多受到社会的尊重，人称“先生”。

《蒲声》与俞慕古

《蒲声》刊物是七宝镇在二十世纪二十年代问世的一份民间刊物，创刊于 1924 年 6 月 25 日。

1924 年 7 月 25 日出刊的“第二号”，四开大小，正式铅印，“本乡新闻”和“儿童之友”合二版，“文艺”有四版。据这份刊物《本报启事》称：“本报定每月二十五日出版一次，增刊无定。”

细阅这一期《蒲声》，可发现许多今人已遗忘或未曾知晓的史实。

《蒲声》刊头注明：刊物发行人为蒲汇学社（社址在七宝镇北大街），要求读者“惠稿请寄上海辣斐德路 1197 号俞慕古君收”。辣斐德路即今天的复兴中路，1197 号当时为上海市立比德初等小学校（徐汇区第一中心小学前身）校址，说明俞慕古当时在该校执教。另据《编辑室小启事》透露，俞慕古家在七宝镇同兴祥商号，为商家子弟。俞慕古是位青年小说家，他与何朴斋合写过侦探小说《东方鲁平奇案》《东方亚森罗苹奇案盗宝》等，在《申报》发表过《上海人与梅兰芳》等颇具影响的文章。自《蒲声》创刊号，俞慕古在刊物上发表了连载小说《人海魔》。

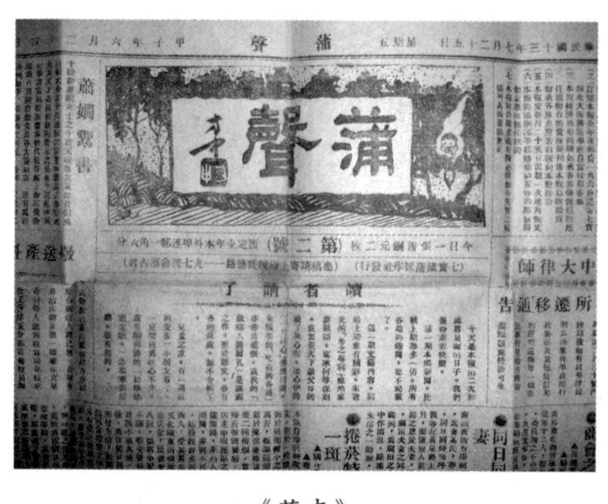
蒲聲
第二號
讀者請了

《蒲声》

《蒲声》以刊发短篇文学作品为主，并甘为“儿童之友”，说明主办者是一些文学青年和教育工作者。他们还注重“本乡新闻”，在头版刊发七宝地区的社会新闻，称“本报取公闻主义，有闻必录”。出刊的第二号比创刊号“趣闻”内容增加了一倍，并逐步拓展刊发泗泾、莘庄、盘龙、诸翟等邻乡的新闻稿。《组织乡教育会之先声》一文记载了七宝镇建立乡教育会概况。

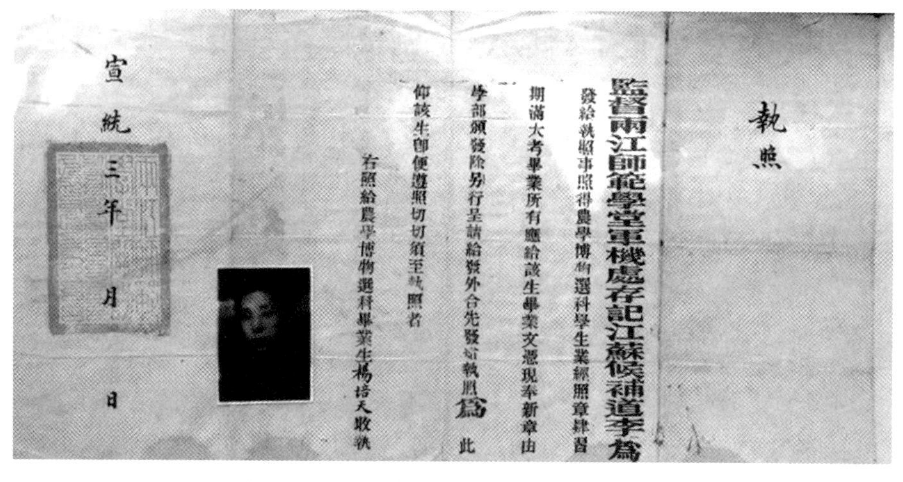
執照

監督兩江師範學堂軍機處存記江蘇候補道李為
發給執照事照得農學博物選科學生業經照章肄習
期滿大考畢業所有應給該生畢業文憑現奉新章由
學部頒發除另行呈請給發外合先發給執照為此
仰該生即便遵照切切須至執照者
右照給農學博物選科畢業生楊培天收執
宣統三年　月　日

杨纪庚（字培天）两江师范学堂毕业证书

创建中等学校

南镇创建七宝农校

民国三十六年（1947）4 月，七宝国民学校校长强翼如、上海市立西成国民学校校长柴子飞（曾担任明强小学校长）和本镇士绅李启贤、李郁盛等十余人，联名呈准上海市教育局组织创立“上海市立七宝农业职业学校”筹备会，利用南七宝寺及蒲溪道院原址作为建校基地。

当年 5 月，筹备会开始募集经费，向银行借款。李启贤、李永泉等捐资建造了十二间平房，并兴工拆迁玉帝殿，改造城隍庙作为校舍。又得镇上慈善机构“三善堂”赞助，捐田百余亩，调换实习农场之用。

8 月，上海市教育局聘任柴子飞为市立七宝农业职业学校校长，开始招生。

9 月 25 日，上海市立七宝农业职业学校正式开学，俗称“七宝农校”。学校分初、高两级，学生五十五名。初级不分科。高级设置园艺、农艺和畜牧三科，在东岳行祠旧址附设初中班两个。

北镇创建南模七宝分校

民国三十六年（1947）入秋，上海市私立南洋模范中学因初中生源猛增，市区校舍难以适应，派人往上海近郊寻找合适的地点。有位教员是七宝镇人，与七宝镇长友好，委托他代为筹划。经商讨，拟将七宝教寺大寺场、莲涌堂及堂前空地作为南模中学建校基地，在寺西再购一些土地，合并面积一百多亩。又经南洋模范中学校长沈同一（字维桢）与旧友、时任国民党青浦县党部书记的七宝人金谦诚协商，双方终于签订协议。

当年 10 月 10 日，南洋模范中学七宝分校在此奠基动工（基石保存至今）。先依原样修葺莲涌堂，建造一幢二层的教学楼，再将大庙的偏屋修补并扩大，在校园东南角搭建一座军营般的流动房屋；继而添建一幢二层的学生宿舍楼。将七宝教寺山门及弥勒殿油漆一新，改建为学校大门口，三间旧屋左侧安置铜钟作传达室，右侧作校役卧室。

为纪念南洋公学附小创办人沈叔逵（笔名沈心工），新建的教学楼命名为“叔逵楼”。主楼坐北朝南，砖混结构二层楼，面阔约五十七米，北有

动工奠基石

当年校园外墙

旧址今貌

两处外凸的楼梯间。教室窗明几净，四面空旷，绿树成荫空气新鲜。操场广阔，道路平坦，宿舍和膳堂近在咫尺。每星期例假有校车接送，而且师资力量强，倍受学生和家长欢迎。

当年秋季，招收有志于报考南模初中的小学毕业生二十余人，开办补习班。次年秋季，七宝分校正式上课，由瞿至远任校长。

七宝教寺的大寺场随之改建为学校“大操场”，但不设围墙，成为七宝乡人的公共活动场所。

七宝土产

黄金瓜

黄金瓜是上海西南农村甜瓜中的特色品种，有老虎黄和散金黄两种，明代已有种植，是上海四大名瓜之一，种植历史悠久。主要产于七宝镇中华村池河圈、联明村毛家厍一带和莘庄镇东吴、莘北、明星村，因莘庄的这些村历史上曾属于七宝乡，因此人称“七宝黄金瓜”。

黄金瓜在雌花未开时，小瓜上就有深浅两种绿色，待到长大后，深色成黄色，浅色成白色，黄白相间各有十条，人称“十条筋”（十条金）。7月初交小暑前后，黄金瓜成熟并开始采摘。大暑过后，瓜藤逐渐凋零，尚未成熟的“青瓜头”可盐腌晾晒成瓜干，作“吃粥菜”。

近几十年，随着城镇化、工业化进程加速，本地农民不再种植黄金瓜。2018 年，七宝镇政府在七宝老街钟楼举办第一届黄金瓜文化节，闵行区农技中心推进黄金瓜种质资源的保护性开发和利用，“七宝黄金瓜”有望重获新生。

朝鲜蓟

朝鲜蓟，又称“菊蓟”，沪郊本地俗称“外国百合”。原产于地中海沿岸，由菜蓟演变而成，属菊科多年生植物。含蛋白质和多种矿物质、维生素等，为风靡欧陆的高档蔬菜。清末时，由塘湾里天主堂（设在七宝镇红明村顾家堂）的神职人员从法国引种到此。

当时，有位陈姓农民在神职人员家中当花农。那洋人爱吃营养价值极

高的朝鲜蓟，而此物最好吃的是其花蕾和花托，远道运送又难以保鲜，他就吩咐花农在自家院中引种。陈姓花农引种后，发现将那花蕾放在开水中一煮，拌点调味品，就成了一道回味清香的佳肴，而且能清热解毒。于是，他试着将没煮完的根茎带回自己家中引种，谁料成功了。

后来，顾家塘的乡亲纷纷学着栽种。每逢春夏之交时，采摘花蕾后舍不得享用，就送到徐家汇一带，以及西摩路（今陕西北路）菜场去卖给欧洲人。因为朝鲜蓟能卖个好价钱，大家怕外人引种而断了自己的财路，所以一直当作本村“秘方”，不让外传。

1949 年后，朝鲜蓟一时断了销路，乡人自己又吃不惯，种的人家也就越来越少了。唯有锦江饭店偶因外宾的特殊需求，才会赶来购买一些。

事也凑巧。1973 年，上海医药工业研究院要试制一种治疗慢性肝炎的特效药，其中必需一种朝鲜蓟所含的成分。他们派人在全国各地到处寻找，只在北京郊区发现有类似植物，但其药效不及朝鲜蓟。后来，在一本记载上海蔬菜品种的书上，发现了一张“外国百合”的照片，断定它即是朝鲜蓟。于是，他们在市郊各村东寻西找，忙了一个多月，未见其踪影。一天，他们路过七宝，走进茶馆歇脚时，随口与茶客谈起“外国百合”，才得知这里曾种过，便急忙赶到顾家塘。幸亏顾家塘有人“好白相”而仍留种了四棵。他们当即宣传说，这是名贵药材，可说是七宝的又一宝。当地人闻讯马上组织扩种，为医药事业的发展做出了特殊贡献。

七宝梅酱

清代，在七宝地区的号上、吴介园、范介塘、王家巷、横泾桥、小桥李、唐介池一带，果梅成林，其果人称“冠城梅”，誉为一城之冠。二十世纪五十年代初期，那里一带农家宅前屋后仍有不少梅树。每当春初乍暖还寒时节，繁花似雪，不久，梅果尤如翡翠缀满枝头。春夏之交，农家提篮携筐，先摘青梅上市，后采黄梅叫卖。冠城梅品种繁多，小者似杨梅，称“酸梅”，成熟期早；大者如核桃，称“苦梅”，又叫“甜梅”，果肉肥厚。青梅除生食外，可稍用盐渍，后或用糖水浸渍，即成蜜饯；或外沾甘草粉，即成甘草梅子；或将梅子煮熟，捣碎，稍加盐、糖，晒干后即成冠城梅酱。

七宝蟋蟀

清道光年间《蒲溪小志·风俗》：“俗至秋深则斗蟋蟀，冬令则把鹌鹑，借兹挥金博彩，以争胜负。”相传，清代乾隆皇帝喜爱斗蟋蟀，江南一带大小官吏竞相搜集勇猛善斗的蟋蟀进贡给他。在一次运送蟋蟀的途中，有马匹在七宝镇附近失蹄翻车，大量蟋蟀逃逸出去。从此，七宝地面上便开始出产品种优良的蟋蟀，而玩赏蟋蟀也成了七宝镇上独特的民间文化。

七宝地区能够盛产蟋蟀，与当地特殊的土壤相关。由于古冈身三千年积淀，这里拥有良好的农业耕作层，近代又是蔬菜种植区，自然形成蟋蟀生长的环境。

七宝红明矮萁青菜

上海人的饮食，几乎不可一日无青菜。沪郊本地青菜品种诸多，其中以四月慢青菜和矮萁秋青菜最为著名，属当家菜。

七宝镇红明村生产的矮萁青菜品系，因选育优良，历来是上海秋季蔬菜市场上的抢手货。当地人称矮萁青菜为矮卜头菜，它叶小、梗宽、根部大，烧得酥，吃口好。最初的菜种，是当年办高级社时从虹桥童家宅引进的。而在各地的蔬菜生产中，人们曾一度只求产量而放弃优质品种，嫌栽种矮萁青菜费时费工又难弄，不如其他品种能“夺高产”，以致差点断了菜种。而红明村的菜农始终舍不得使其退化甚至断种，坚持每年棵选提纯复壮，使这里种植的矮萁青菜始终保持特色，终于成为上海菜市场里的名牌产品。如今，红明村实现城市化，不再种植蔬菜，但这品牌在市场上依然吃香，它的种子已传遍新的蔬菜区。

七宝白梗芋艿

1979 年，上海市举行蔬菜大评比，七宝白梗芋艿以质量取胜，被公认为上海地方特产。

白梗毛芋艿，俗称“芋头、芋艿”。属多年生草本，做一年性栽培，叶片呈盾形，芋梗长而肥大。当年，七宝地区普遍种植，而且优质高产，成为市场抢手货。因其蒸煮易酥，肉质雪白，不论甜烧、咸焖、汤食、干蒸，均柔糯细腻，芬香味美，深受市民喜爱。特别是中秋时节，家家都会烧一锅糖烧毛芋艿，既当节日点心又当应时菜肴，本地人称之为“圆圆（月饼）滑滑（毛芋艿）度中秋，太太平平过一年”。

七宝大曲

1958 年，七莘路一号桥西侧的蒲汇塘两岸，建立了颇具规模的上海七宝酒厂。二十世纪五十年代，上海正大力发展农副业，其中一项就是养猪。养猪需要大量饲料，以当时的财力而言，是一笔不小的开支。如果以高粱酿酒，酒糟喂猪，岂不节约粮食，一举两得？于是，上海市商业二局在市郊新建多家酒厂，七宝酒厂为其中之一，“古桥牌”商标图案取蒲汇塘桥。

和一般酒厂只有一套酿酒工艺不同，七宝酒厂相当地“多元化”。建厂之初先酿造了酱香型酒，发现上海人不适应，于是专程到杏花村学习，从北方调来高粱，从滩溪请来名师，生产出了清香型的七宝大曲，颇受好评。

七宝大曲因为采用高粱、曲粉、砻糠等作原料，固体发酵、土法酿造，整个生产周期大约需要二百五十天左右。所以口感好，味微甜、爽口，很适合南方人的口味，喝后嘴不干、头不疼。酒厂最鼎盛的时候年生产七千多吨原酒，勾兑成成品起码一万多吨，当时上海的大街小巷都在卖七宝大曲。一角七分一两的七宝大曲装得满满一壶。

当时，七宝老酒是上海人最常喝的本地白酒。许多人对“七宝大曲”“上海特曲”“上海大曲”“特级玉液”等如数家珍。这些名牌产品不仅连获“上海市优质产品”“商业部优质产品”等荣誉，在长三角也颇有知名度。

二十世纪七十年代，一位领导在上海进行外事接待，端起茅台，说了一句“上海就没有一款自己的接待酒吗”。于是，制造一款代表上海的城市接待酒的任务落到了七宝酒厂。酒厂又学习、借鉴了新工艺，再造新车间，推出了浓香型的上海特曲、大曲和二曲。

从酱香型到清香型，再到浓香型，七宝酒厂杂糅了“各派技艺”，颇有海纳百川的“海派”特色。

1972 年，智利海军“埃斯梅拉达”号风帆训练舰应邀前来上海进行友好访问。军人好酒，游览七宝酒厂便成了重要一站。离开上海时，智利海军赠送了一面锦旗，上书“魔液”两字，七宝老酒名噪一时。

进入二十世纪八十年代中期，随着人们健康意识的增强，高度白酒备受冷落。上海啤酒市场迅速成长，加上黄酒的强力竞争、洋酒的跃跃欲试，本地白酒节节败退，七宝酒厂连年亏损。虽竭尽全力，仍无力回天，到二十世纪九十年代中期，七宝酒厂终于倒闭。

七宝皮影戏班

毛耕渔学艺

花鼓戏、皮影戏之类在七宝地区长期难以生存，关键是人们认为其太粗俗。清道光年间《蒲溪小志》称："有最足败坏风俗者，曰花鼓戏。最足引坏良家子弟者，曰赌博。幸临莅兹土者有以严禁之，实有裨土俗民风之大也。"到了光绪十二年（1886），上海县《二十六保志》在描述本土风俗时称："城市骄侈弥甚，唯乡里曾尚朴陋。然鸠村赛会，引诱招摇，在所恒有。最恶者花鼓村台之献，以及皮人影，甚致子弟游荡废业。咸丰以前，鼓影之献甚盛。粤扰之后，渐次转安。"

可见，世人认为皮影戏班"致子弟游荡废业"而"可恶"，虽外来者难拒，但本土子弟决不可沦为"马浪荡"。

毛耕渔（1850—1907），七宝镇西毛家塘（小涞河东岸，今七宝镇联明村十队）人。自幼习文练武，又谙音乐，极为聪明，一心"学成文武艺，授于帝王家"。为考武举，他变卖了家中二十四亩田产，设法铺填官道。可是没想到，主考官嫌其礼太轻，在考场上他明明三箭俱中，却说他步姿不正，令其苦练，候期补考。毛耕渔愤然不平，申辩时被乱棒逐出考场。

毛耕渔狼狈地逃回家中，进门见兄嫂正在吃粥，碗里只有几根萝卜干，便问兄嫂：为啥如此清苦？兄嫂坦言说，田产卖掉后，收入远不及过去，只能清苦地过日脚了。毛耕渔心头不由一阵震颤：哥嫂为了我只能就此吃粥，而我偏偏落榜不第。他深感羞愧交加，有苦难言，决意摒弃功名。就此，他闷在家中养鸟自娱，或走东荡西狂癫不羁，好似精神失常，被乡间众人称为"毛痴子"。

幸有不少同科武友同情毛耕渔，常来走访，暗中资助。

清光绪二年（1876）中秋前夕，二十六岁的“毛痴子”闲得无聊，便赴杭州湾一带去拜访当年同考者。

毛耕渔在金山游玩时，看到了一场浙东皮影戏班的精彩演出，不禁兴奋异常，当即寻到后台，苦求拜戏班班主殷茂功为师，学演皮影戏过过瘾。

毛耕渔就此忘了回家，跟随着殷茂功皮影戏班奔走四方。他收敛个性，刻苦学艺，随戏班一年多，就将唱功、念功、做功样样学得有模有样，深得班主的喜爱和信任。

学艺三年之后，毛耕渔已是皮影戏高手。眼看他有家不想回，殷茂功便劝他回乡自行组班创业。毛耕渔知道当时上海没有像样的皮影戏班，担忧回乡就失去献艺的机会，因此不想拜别恩师。而殷茂功赠其亲手抄录的《赋札》《图本》《脚本》三册书和一些皮人、道具，再三劝他不要忘却家乡地。毛耕渔见恩师如此真诚，信心倍增，因为按行规，没有《赋札》只能称作名誉师徒，唯有受此等馈赠，表明其已得真传可独自组建戏班，才不会被同好轻视。于是，毛耕渔带着恩师的馈赠和期望，决心回到七宝镇大干一场。

毛氏戏班问世

毛耕渔回到七宝镇后，即四处走亲访友，物色同好，着手组建自己的皮影戏班。

可是，当地人大多认为“毛痴子”不务正业，只会花钱寻个开心，因此鲜有响应者。此时，幸有娄县武友徐璞山、青浦武友蔡鸿仪得知他的心愿，甚为赞同，热心资助。

本地名医徐璞山得知毛耕渔要创办皮影戏班，便慷慨地出资相助，引起众人关注。

在青浦县衙供职的蔡鸿仪是个豪爽人，为即将问世的毛氏戏班题额“鸿绪堂”，为毛耕渔创办戏班撑足场面。

七宝皮影戏演出

然而，毛耕渔这次办戏班演皮影戏，绝非为了自娱自乐，而是想干一番传扬皮影戏艺术的大事。因此，他四处物色人才，倾心操练。最终，他选中砾琳庙怀舟和尚为笛师、铁铺店主钱连奎（人称阿苟）主丝竹、九亭庄家桥的道士陈妙根充鼓手，又见镇南王家巷的赵少亭结篱哼歌嗓音响亮，收其为徒担任下手。

毛耕渔他们制作影人，配备道具，反复排练，忙碌了一年多，将一切准备就绪，决定开演亮相。戏班借用七宝老街徐家弄内的“解元厅”作为首场演出场所。

光绪六年（1880）春季的某一天，“鸿绪堂”毛氏戏班人员邀请的亲朋好友，一起来到“解元厅”，三开间大厅的各个角落都挤满了人。人们争相观看悬挂着的一件件皮影道具，等待“毛痴子”出场献艺。一阵阵锣鼓终于敲开了场，毛耕渔双手操起影人，亮开嗓门唱了起来。人们只觉得顿时大开眼界，不由齐声拍手叫绝。戏班人员精神振作，接连表演了《大战牛头山》和《桃滑车》两出皮影武戏。

首场演出一结束，便有本地丝竹高手陆元根弟兄四人当场提出要拜师学艺，令毛耕渔精神大振。

当时的七宝镇，地跨上（海）、青（浦）、娄县三县，因此这场成功的演出一下子便惊动了三县乡人，各地闻讯纷纷邀请“鸿绪堂”皮影戏班前去献艺。

嫡传高足赵少亭

“鸿绪堂”皮影戏班里有个赵少亭（1857—1912），小名叫阿全，是七宝镇南王家巷（今七宝镇友谊村七队）人。他口齿伶俐，嗓音响亮，自幼喜欢观看“草台班”的演出，爱唱本地山歌，满腹俚词俗语，因此表演皮影戏时现场效果甚佳。

毛耕渔明白，自己嗓音不亮，在演唱时噱头还太少，《赋札》开头语即是“十字四句五识知”，自己却十字咬不全，而赵少亭虽然文学知识欠缺，但是口才要比自己好得多。因此，毛耕渔几次主动将赵少亭推到上手的位置，并且将常年贴身不放的《赋札》一书转交给他保管，让其便于熟读。

赵少亭只是比毛耕渔年少七八岁，他十分明白毛耕渔的苦心，因此他只答应互相轮流担任上、下手，而更真诚地向毛耕渔学艺。直到后来熟练后，赵少亭才正式接替毛耕渔担任“上手先生”，成为毛氏戏班第二代传人的代表人物。观众十分认可赵少亭的演技，喜欢称其为“影戏阿全”。

经过年复一年的努力，毛耕渔的“鸿绪堂”皮影戏班日益完善，常年辗转献艺于上海、青浦、娄县、华亭、金山、南汇、奉贤、川沙各县乡镇，时达二十七年之久，“七宝皮影戏”因此名传八方。

然而，为皮影戏班操劳了二十多年的毛耕渔，年近六十岁，身体日趋欠佳。光绪三十三年（1907）六月二十九日晚，毛氏戏班在九里亭庄家桥（今松江区九亭镇）演出时，恰逢瘟疫流行，毛耕渔不幸染疫。戏开场后，毛耕渔浑身发颤，而戏一刻不能停演，只得坚持硬撑。年仅十八岁的马舜良见他难以再立稳身体，便大胆地冲上去与赵少亭搭班，接演下去。等到戏结束，毛耕渔已经猝死在戏台之上。

毛耕渔再三叮嘱赵少亭要继承师业，广招传人，使七宝皮影戏日益兴盛起来。

毛耕渔逝世后，年已五十岁的赵少亭接受了戏班的全套道具，与同村年轻的裁缝师傅马舜良搭档组班，另有老友钱连奎、怀舟、钱志奎、陈妙

根等助演，并先后收曹行木杆桥丁桂香、颛桥刘家塘刘子兴、塘湾薛家弄陆雨根和松江县九里亭陶瑞联等为徒，戏班人马越来越强。

赵少亭戏班继续以“鸿绪堂”的旗号外出巡演，而且常年以演唱《岳传》等长戏为主，一部戏可以连演两个月，可见其功力非凡。可惜五年之后，赵少亭因患上重病而难以再登台表演，只得将戏班班主的重担交给了年仅二十六岁的马舜良。

毛耕渔及赵少亭潜心从事皮影戏艺术三十一年，创建了享誉八方的七宝“鸿绪堂”皮影戏班，继承了江南皮影戏传统，并使浙东皮影戏完全融入上海本土，受到上海诸县民众所喜爱而流传至今。

魁首叶金舟

七宝毛门皮影戏班第五代传人叶金舟（1899—1958），家住七宝镇北汪更巷（俗称“汪更浪”，今七宝镇沪星村七队），自幼随父亲以裁缝手艺谋生，因喜欢演艺，心思一再飞出门外。十三岁时，他就拜师学习丝竹演奏，自娱寻乐。十五岁起，他时常专程赶到颛桥茶馆去看王小弟戏班演皮影戏，图个戏瘾。后来，他苦求王小弟收其进戏班学艺，终于如愿。1920年满师之后，他自行组建戏班演出，时年仅二十一岁。

皮影戏道具

叶金舟精明能干，多才多艺。由于他既精通管弦，又善于说唱，后场五音不和时当即就能指正，人称“五音俱全，三场好手”，尤其演技高超，武打手法灵活巧妙，说唱功底扎实，句句腔圆、音准、韵和，表白时将故事情节脉络交代得甚为清楚，而且他口齿伶俐，文篇随机引噱，笑声能三转弯，摹模各式人物均惟妙惟肖，人称“戆将语气呆，良将多忠贤，旦唱似千斤，花言像丫头”。他不仅悟性好，而且记忆力强，依靠整套脚本能够演唱不少长篇剧目，主演的《穆桂英挂帅》《岳传》等可以连续演出十天半月，因此他的戏班能常年巡演。

在巡演过程中，叶金舟先后收七宝本地的王友生、王访如，青浦县徐泾的赵金山，莘庄乡西吉介塘的朱正义，松江县泗泾的余友三，青浦县的蔡友梅、张关茂以及吴桂祥等为徒，而且他的戏迷极多。叶金舟对每个徒弟都十分关爱，但在传教时言语甚为严厉，排演中不准徒弟临时看脚本，以防懒记。他的徒弟中，最优秀者为赵金山（1913—1994）。

二十世纪三四十年代，演技出众的叶金舟年富力强，他领衔的华漕皮影戏班人员最为齐整，演出剧目丰富，常年巡演，名扬沪郊，使七宝皮影戏的发展步入鼎盛期，就连在时局动荡不定的抗日战争期间，他们依然活跃在沪郊各地，给苦难中的农村乡民带来难得的乐趣。

艺友琚墨熙

琚墨熙（1927—2012）是七宝潘家桥（今友谊村九队）人。琚家世代务农，父亲琚金余为正一派居家道士，家境小康，重视耕读。琚墨熙是家中长子，六岁开始识字，习读《千字文》，学写毛笔字。七岁起，进七宝镇浴堂街周楣生私塾启蒙，诵读《百家姓》《神童诗》《大学》《中庸》《论语》《孟子》等。1937 年 11 月，侵华日寇占领上海，琚墨熙辍学在家。农耕之余，他有心阅读道教典籍，不时随父亲出去“做道场”。

一天，琚墨熙随父亲到邻近的九里亭朱家湾去做道场，听见西面有个丝竹班在演奏皮影调，顿时兴趣甚浓，就赶去观看，竟忘了父亲吩咐的

差事。后来，到东芦浜去做道场时，他看到有人在家中自演皮影戏，而且操持影人的是个少年，又丢开差事只顾上前观看。通过攀谈，他得知少年即是七宝皮影戏班鼻祖毛耕渔的嗣孙毛宝祥，更是兴奋不已。两人正巧同年，倾心如故，决意结为总角之交。还未读完初小二年级的毛宝祥，慷慨地把家中珍藏而自己还看不懂的《赋札》送给了琚墨熙。《赋札》是皮影戏表演的工具书，琚墨熙如获宝物，日夜认真研读，难以掩卷。

1941 年，日寇猖獗，时局动荡，世道艰难。为了谋生，琚墨熙走入道院，随阮姓老道士学艺。在那里，他掌握了工尺谱，学会了乐器演奏，熟悉了几曲道教音乐。毛宝祥的家与道院只隔一里之遥，因此他时常前来游玩，两人拿出数十个硬板纸做的影人做戏，享受乐趣。

1944 年初，十七岁的琚墨熙颇具雄心地谋划组班演出皮影戏。他邀约一帮丝竹班同好担任中后场演奏，排演了几次，见效果不错就决定公开摆场子演出。一经开演，名声远扬。有的村宅前来邀请，琚墨熙得意洋洋，宣告演出费分文不收，只吃一顿便饭。他们的演出广受欢迎，有些场子要连演七八场。一年多后，莘庄西吉介塘的朱正义前来加入戏班，还带来了许多绘制得极为漂亮的影人，使戏班的声誉越来越响亮。

不久，抗战胜利，举国欢庆。应漕河泾黄家花园（今桂林公园）周国昌的邀请，七宝毛门传人叶金舟召集精兵强将，走进上海“大世界”游乐场作驻场演出。琚墨熙、毛宝祥等停下各自生计，赶去参与演出盛事。他们在那里每天日夜演出两场，持续了一年有余，为七宝皮影戏赢得美誉。临别时，游乐场给戏班的每位艺人赠送了五石大米。

1947 年春，琚墨熙结婚之后，与父亲分户而居。父亲见他患有类风湿关节炎，再三叮嘱少出门去演皮影戏。就此，他忍痛割爱，收心持家。

1949 年后，琚墨熙一度闷声不响，在乡务农。本地民间艺人大多处于半职业状态，而他因连续生了四个儿子，家庭负担吃重，没有闲心重操旧业，只能抽空档时节赶到皮影戏班、丝竹班社去“望望老朋友”。好在村干部量才录用，安排他做了七八年生产队“记工员”，又当了十余年“蔬菜推销员”，其能言善辩的特长得以发挥。

1958年年初，在政府文化部门的指导下，各皮影戏班尝试改编传统剧目并编演现代戏。琚墨熙闻讯来了兴致，急忙寻到毛宝祥，一起改编了皮影短剧《韩彦直抢挑粘罕》。当年3月6日，上海县文化馆在闵行七一拖拉机厂工人俱乐部举办全县皮影戏会演，他们赶去献演，露了一手。

在那里，琚墨熙对马桥罗桂芳戏班的皮影新戏《老夫妻双双看彩楼》特别感兴趣，刚看完戏就去寻罗桂芳。罗桂芳是七宝毛门戏班第四代传人，技艺出众，时已五十七岁仍热情豪爽。琚墨熙与他攀谈良久，提出要拜其为师。罗桂芳笑问："侬已经小有名气，还要拜师？"琚墨熙认真地回应："我过去只是个艺友，三不精。伲七宝毛耕渔传下来的皮影艺术丰富多彩，不跟师父学习三年，就不可能学到家。侬手艺扎硬，是正宗七宝皮影，我这个七宝人就跑到马桥来学，再传回七宝去。"自此，每年秋季他跟随罗桂芳戏班外出巡演，学到许多演唱技巧，掌握了挑头、祭宝、短打、演变等表演诀窍，成为毛门戏班第五代传人。

正当琚墨熙想重建中规中矩的毛门皮影戏班时，社会环境发生了变化。从1963年7月起，政治运动接连不断，皮影戏班随之停止演出活动。1964年秋，琚墨熙、毛宝祥等在九里亭东牛车泾做了一场告别演出后，由毛宝祥把皮影道具箱交给泗联公社办公室，以示"与旧社会残留划清界限"。

1976年10月，"文化大革命"宣告结束。琚墨熙依靠有心积累的皮影戏资料，埋头画了一幅又一幅《三国》皮影人物画，聊以自娱。

1979年秋，琚墨熙与赵金山、王友生等，在上海县文化馆和七宝文化站的支持下，利用塑料片着手制作皮影戏道具。他们在七宝镇图书馆内排练后，到琚墨熙所居住的村里做了第一场演出。村干部十分热情，要求他们加演一场。谁知，大家过于兴奋，一场演下来，艺人们大多喉咙沙哑，无法再演。于是，琚墨熙只能赶到松江县桐泾乡去，邀请师兄陆留其戏班前来救急，做第二场演出。之后，七宝皮影戏班经常在乡间做业余演出。

1985年，曾经风靡上海县的皮影戏传人罗桂芳在马桥家中悄然病亡，世人毫不知觉，连琚墨熙也是两年之后才听到噩讯。当他赶到师父家中吊

唁时，师母告诉他，罗桂芳临终时叮嘱要把所有的皮影戏演出道具留给他。他从师母手中接过那些遗物，心头感慨万千。

然而，再要组建一个能四处巡演的皮影班戏，琚墨熙已感到力不从心。七宝文化中心站十分理解他们的心思，于1987年8月请他们演了一出《七夕牛郎织女鹊桥相会》，还拍摄了一批照片留存。

1993年4月20日，琚墨熙邀集各皮影戏班高手会聚在七宝茶馆，要为上海电视台国际部拍摄专题片作专场演出，剧目是琚墨熙改编的《高宠挑滑车》。毛门戏班健在的第五、六、七代传人纷纷到场参加演出。

临近开场时，有人来报丧，戏班人员得知毛耕渔的嗣孙毛宝祥昨日晚上逝世了。琚墨熙闻听好友噩耗，顿时方寸大乱。为了拍摄电视片，艺人们强忍悲痛敲响了开场锣鼓。琚墨熙感觉到，老友一个个走了，戏班里特有的那种默契不会再有了。演出结束，有人当场感叹此番演出将成为“绝唱”，以致拍摄的电视专题片取名为《七宝皮影戏的绝唱》。

幸亏颇具声势的非物质文化遗产保护工作在全国展开，使濒临危机的七宝皮影戏得以重生。2007年5月，七宝皮影戏被列入闵行区首批非物质文化遗产名录。6月，又被列入上海市首批非物质文化遗产名录。

1987年七宝书场演出皮影戏

第三章 七宝风云录

明强小学早期校舍

明强小学旧址

乱世实录

“军阀相打，百姓遭殃”

自民国十三年（1924）9月起至民国十六年春，北洋军阀连年混战，争夺地盘，上海军防处于混乱时期。1924年9月—10月，江浙地区军阀的“齐卢之战”激战一余月，七宝镇深受其害。此后，仍时有兵灾发生。

《圣教杂志》记者江清源到七宝地区实地采访后，撰写《七宝镇兵灾一瞥》记述当时败兵掠夺的情景：

1924年12月8日，军阀陈乐山部第四师旅长方先聪率第七旅抵达七宝镇。本地诸绅士即肆宴设席，以表地主之情。宴毕，方旅长有事进城区，兵士们无人约束，沿街放枪示威，至各商铺挨户抢掠，无一幸免。“永兴”“协盛”“亨盛”三大店，初则倒柜攫取现银钞票，继而如意争夺绸绒美服，终乃连排各长派兵将有用衣服、绸料搬到船上，满载而去。三家损失约二万余金。

12月11日，第七旅刚移驻虹桥，第八旅旅长范夺魁率部踏进七宝老街，在“盐公栈”设司令部。入夜，四个兵痞闯进镇东二里外一程姓小康人家，勒索重款无果，便纵火烧了程家十四间房屋。某营长得知镇东金姓碾米厂富裕，便有意拘押厂主儿子金乙，勒索千元。

镇郊各村乡人闻讯纷纷避逃，设法藏身，以至十室九空。各家天主堂的钟声也难以再聚信徒。

在这兵荒马乱之际，七宝镇商界联合会会长骆铁尘与李渔生、范魁芳、李启贤等绅商人士创立红十字会，手持红十字旗帜救护乡亲迁避异地。在他们的救护下，各家天主堂成了难民收留处，日有三四百人。土山湾朱修士调动汽车，将难民送到徐家汇天主堂去。前后六天，运送难民二千二百五十余人。

为此，乡人直呼“军阀相打，百姓遭殃”。

社会调查

民国十六年（1927）七月七日，上海特别市成立。按国民政府规划，七宝地区划属上海市。因地方绅民多持反对态度，实际仍有松江、青浦县控制。次年，“七宝区”仍归旧属。

1931 年上海《社会月刊》第 2 卷第 11 期刊登上海特别市各区农村概况调查，其中有署名汤成的“七宝区”调查。1928 年 5 月 19 日，他奉命在七宝区开展了社会调查，撰有报告。

据其调查报告记载，当时七宝区总面积约为二万七千九百二十二平方米，其中属松江县约一万六千二百平方米，属青浦县计约一万一千七百二十平方米，共分十八图，极少部分已划入上海市区。仍以蒲汇塘天然为界，塘南属松江县，塘北属青浦县，南至莘庄镇四千五百米，北达虹桥机场三千米，东距虹桥镇四千五百米，道路平坦，宽约二米，可通小汽车。南镇与北镇继续各设行政机关，不相混合，因松江是江苏省模范县，南镇比北镇设施完备，设七宝临时区党部（分部三个）、七宝区农民协会（村协会十三个）以及松属行政局、松属公安分局、松属行政、青属公安分局。全区有十余所学校，塘南有松江县七宝乡立小学校，塘北有青浦县七宝乡立小学校，学生均约百人。

据松江县调查，塘南有三千二百九十一户，男性有七千三百一十二人，女性有七千六百六十八人，共计一万四千九百四十人。塘北未统计，大致相近。

全区靠租田耕种的佃农占十分之六，地租分水租、米租、豆租、钱租四种。水租每亩完米八斗，为数极少。米租自八斗至八斗八升，有多至一石。豆租每亩完豆八斗。钱租较为便宜，每亩纳二三元，限于种植蔬菜。

而租田面积实数平均皆八五折，因此佃农大多一年收入不够缴纳地租，生活困苦。

本地区土层深厚松软，土质肥沃，可惜地势较高，不利灌溉。水利有蒲汇塘及支流，但水量不足，时常干竭。清代时，蒲汇塘每届三年，三县合力开濬一次。进入民国后，十七年没有开濬，河身逐渐淤塞，乡人靠每年四五月梅雨天的雨水灌溉农田。

稻棉种植各半。棉花亩产五十余斤，每担值洋十三元有奇。稻米亩产不足二百斤，每担值洋十元三角。种麦每亩可获五六元，种油菜每亩可获三四元。

乡村妇女大多以结花边和织布为业，平均每天收入约四五百文。

七宝镇上最富有的张姓地主，拥有土地一千多亩。而本地农户生活艰窘，负债者占十之六七，债额高者达三百元以上，最低在二十元以内。镇上商铺放债，利息常年二分。近年时局动荡，借贷不易。五年前地价值大洋一百三十元，而近年降至百元以内。

本地庙宇散布四乡，平日烧香者络绎不绝。

周恩来七宝历险记

民国十六年（1927）蒋介石在上海发动四一二反革命政变，签发通缉令，以重金悬赏捉拿时任中共中央军委书记兼中共江浙区委军委书记的周恩来。

据中共中央党校出版社1995年出版的《历史漩涡中的蒋介石与周恩来》（尹家民著）第三章第五节记载：

1927 年 4 月 13 日上午，周恩来、赵世炎与近十万名群众在闸北青云路广场集会，强烈谴责蒋介石的血腥镇压。会后，他们整队赴宝山路第 26 军 2 师师部请愿，以营救被捕的纠察队队友。行至半路，突遭 26 军士兵袭击。周恩来在混乱中搭上一辆工人师傅的便车，赶到上海西郊。周恩来乘夜色，朝七宝镇方向走去。刚进镇，就听见一阵急促的脚步声，伴着大声吆喝："干什么的？！""路过的，来做点生意。""听你口音不是本地的，走，到司令部去！"周恩来被推推搡搡带到司令部，一抬头，与一名长官打了个照面。双方都吃了一惊。那位长官让那群兵退下，走近周恩来，端详了一番，低声问："你是周先生吗？怎么跑到这里来了？"周恩来已认出对方是李宗仁桂系的核心将领潘宜之，他俩是在广州参加国民党二全大会时认识的，潘系湖北人，保定军校三期毕业，与白崇禧同学，早年曾作孙中山侍从秘书，北伐期间任总司令部秘书、东路军总指挥秘书长。潘宜之看了看表："趁夜深没人看见，你赶紧离开这里，离开上海。"周恩来来不及多说什么，用目光示意道谢："我会记住你的，后会有期。"

潘宜之（1893—1945，字祖义），念及旧情，救了周恩来。随后，周恩来夫妇在陈赓的护卫下，乔装潜入外滩外白渡桥边的礼查饭店（今浦江饭店），躲过了敌人的层层搜查。

1940年，周恩来作为中共代表在重庆工作时，写信给时任国民党经济部次长的潘宜之表示感谢，并介绍了中共当时的发展简况。

肃清烟赌

民国十八年（1929），松江县调整建置，七宝地区为松江县第五区，区长李二白（字仲香，莘庄乡西李村人），时年三十岁。

当年九月十二日，李二白组织当地民众三四千人，召开肃清烟赌宣传大会。下午十二时三十分起，李二白率民众队伍从区公所出发游行，高呼口号，散发传单，观者如堵，街巷为空。松江县县长金庆章（字静初，马桥乡荷巷桥人）亲临会场，并发表演讲，呼吁民众投入肃清烟赌的斗争。李二白登台直言痛斥本地区烟赌陋习，他指出镇上现有烟赌场所二三十家，靠其过日子的有百数十人，受其危害者不计其数，以致经济社会日趋黑暗，可悲可叹。他慷慨激昂地号召民众行动，禁绝烟赌，还地方一线光

明。七宝镇各界代表立即争相发言表态，小学师生以游艺节目助兴，全场气氛热烈，掌声不断。

民众痛恨烟赌陋习，立即响应区公所的号召，将七宝镇上的烟赌场所一举取缔了。

日机轰炸七宝

1937 年八一三抗战爆发。10 月 5 日下午 3 时许，四架日军飞机轰炸七宝镇，投弹四枚，炸死十三人，伤十五人，当场震毁民房数十间。10 月 6 日，上海《申报》报道称：当时“有敌机四架，分成两队，先行环绕侦察，机即投弹四枚。两枚落于塘桥南北两端，两枚落于横沥，幸未爆炸。”

10 月 19 日，日军飞机又飞临七宝镇，炸毁房屋，死伤三四十人。红明村塘湾里五岁儿童马阿大等两人在经过塘桥时，被日军飞机炸死。

沦陷之际惨状

1937 年 11 月 9 日（农历十月初七），七宝镇沦陷。

11 月 14 日，《申报》报道《七宝沦陷后情状》称：七宝镇人烟稠密，商肆栉比，因敌机不断飞往轰炸，逐渐沦于悲惨之境，但民性安土重迁，绝少逃亡，一般农工商贾仍多日夜操作，努力生产如故。七宝全镇相继沦陷后，张君不堪骚扰，拟冒险来沪投亲，特于前日清晨，邀二伴同行。不料被中途挡回一次，得间复轻装独行，走至徐家汇，仅十余里短程中，被日军严密检查凡六次。全镇欲留不能、欲去不得之难民多至数万，衣食两缺，情状至为惨切。11 月 15 日《申报》又报道《泗泾七宝沦陷后之惨况》。

七寶淪陷後情狀

本報記者頃遇由七寶鎮逃來之難民張君、據述、七寶鎮人烟稠密、商肆櫛比、向稱滬西有名之大鎮、自八一三抗戰發動後、因敵機不斷飛往轟炸、該鎮逐漸淪於悲慘之境、但民性安土重遷、絕少逃亡、一般農工商賈、仍多日夜操作、努力生產如故、距日前我軍爲戰略關係、由上海區移往新陣地、七寶全鎮、相繼淪陷、悲慘景況、更愈演愈烈、張君不堪騷擾、擬冒險來滬投親、特於前日清晨、邀二伴同行、不料被中途擋回一次、得間復輕裝獨行、詎由該鎮走至徐家匯、僅十餘里短程中、被日軍嚴密檢查凡六次、且前日被擋回之同伴二人、因年青活潑、恐尚有生命之虞、至全鎮欲留不能、欲去不得之難民、多至數萬、衣食兩缺、情狀至爲慘切、

七宝沦陷后情状

入侵日军一路疯狂施暴。家住油籦弄 1 号的王补生在逃难途中被日军刺杀在陈家塘西牛伍浜里。南横沥 63 号正结婚办喜事，日军闯入并抢走所有为办喜事准备的猪、羊、鸡、鸭等，并将二十五岁的夏顺康枪杀在庙浜头（今农学院内）。青年路 32 号金木生之祖母回池河圈娘家途中，被日军枪杀在绿豆浜里。家住南街 4 号的缪海堂，来不及躲避日军，在南首田里被杀。南街 26 号朱方余被日军砍死在庙后竹园内。

日军下乡扫荡

随即，入侵日军在七宝镇郊扫荡，百姓遭殃。宝北王娘子桥村民姚洪生被日军拖到屋后，用刺刀戳死。红明村朱家巷朱徐氏逃难途中被日军枪杀。家住池河圈的王金祥妻子徐阿宝逃难回家时，被日军枪杀在观音堂小石桥头。家住观音堂 4 号的王永祥母亲在宅前池河倒马桶，被日军刺杀在家门前场地上。联明村小张家巷张八弟之妻朱氏，听闻日军进村慌忙避逃，被当场打死。

1937 年 12 月，日军在号上村杀害无辜农民。

1938 年 4 月，红明村朱家巷胡仁祥去找某汉奸，想要回被抢去的牛，结果汉奸勾结日军烧光了他家平房，并将其抓到镇东桥头毛竹行用马刀砍死。

镇北东塘滩 22 号孙耀祖之祖母在田头劳作时，被日军推入蒲汇塘。

1939 年 4 月 11 日《文汇报》报道：七宝民众自卫团教练张浚（山东人）到七宝镇上购物时，日军特务发现其身藏盒子枪，便在塘桥上连发四枪将其杀害。

6 月，家住北镇解元厅对面的阮金桃，一家四口在田里收麦，日军却无故焚毁了他家两间瓦房。

1940 年，红明村西塘湾村民程金发经过漕宝路高塘时，被日军开枪射中，逃回家后不久身亡。

“清乡”封锁线

1942 年 7 月 1 日，日伪军为消灭抗日武装，实施“清乡”政策，沿横沥港修建高约两米连绵不断的竹篱封锁线，统制物资。同时，在漕宝路七号桥边设“大检问所”，驻日军三四人、伪军一个班、检问员四五人，而一般道路均被截断。

七宝镇南潘家桥张金发贩米过河时，被日兵打死在横沥港内。有多名妇女冒险贩米过竹篱笆时，被日兵抓获后裸绑在篱笆上受辱。

红明村蒋荣生到泗泾买米，回家途中被日军发现，强迫跳入泗泾港，结果活活淹死河中。

明强小学红色记忆

七宝明强小学创办于1905年，初名明溪小学堂。两年后，称浦溪明强两等公学，为完全小学。1925年，创办于1908年的启秀女子学校并入。学校旧址位于今七宝镇青年路208至210号之间。

1928年秋季，明强小学校长赵惠溪接纳了新教师盛幼宣。新教师年仅二十岁，是赵惠溪读江苏省立第二师范学校时的同学。然而，谁也没想到，这位新教师是中共地下党员，已有不平凡的经历，一年前参加了南昌武装起义。

出生入死

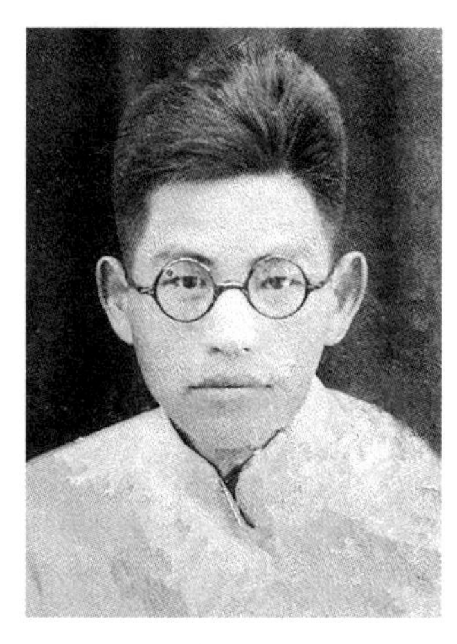

盛幼宣

盛幼宣（1908—1979），原名盛世铎，出生于浦东大团镇盛氏嘉乐堂，虽为士绅家庭，但父亲在其出生前病逝，母亲患有眼疾。他生性活跃，家中排行第八，又属猴，人称“八猴子”。

1921年，盛幼宣十三岁考入江苏省立第二师范学校。1924年，十六岁加入中国共产党。受入党介绍人林钧（1897—1944，原名朱建璜，又名林少白，川沙城厢镇人）的召唤，从泥城发蒙小学调到上海城区担任中共淞浦特委机关（领导上海郊县工作的机构）机要人员，对外身份为工商学联合会成员和市民协会文书。盛幼宣接手的第一项任务，是代表上海学生联合会接受黄埔军校（亦称中央军校）武汉分校的委托，在上海秘密招生。他及时将信息送达泥城发蒙小学诸位好友，并帮助赵天鹏、周大根等五人奔赴武昌，踏上革命道路。

1927 年 3 月 21 日，第三次武装起义取得胜利后，“上海特别市临时市民政府”成立，林钧兼任市府秘书长，盛幼宣担任市府机要秘书，负责保管文印。4 月，以蒋介石为首的国民党新右派在上海发动反对国民党左派和共产党的武装政变，国共合作破裂。5 月间，盛幼宣随周恩来同志搭乘英商怡和洋行轮船奔赴武昌，先在叶挺为军长的十一军政治部任文书，到南昌后分配在中央革命委员会。8 月 1 日，盛幼宣与林钧、赵天鹏、周大根等参加了南昌起义。因为起义部队受挫而被迫回到故乡。

转辗返沪后，林钧担任中共浦东工作委员会书记，以曙光中学为据点，召集革命力量，开展地下斗争。秋冬之交，盛幼宣闻讯赶到曙光中学，跟随林钧投入南汇农民运动。

1928 年入夏后，反革命势力极为嚣张，疯狂搜捕共产党人，扬言“宁可错杀一千，决不放过一个”。9 月间，曙光中学遭到当局查封，情势十分危急。正在新场镇正明小学执教的盛幼宣奉命外出隐蔽，依靠老同学赵惠溪的关系，悄悄来到明强小学。

患难生情

盛幼宣刚在明强小学安顿下来，意外地巧遇陷入困境且无处藏身的昔日战友杨逸菲。

杨逸菲

杨逸菲（1909—1999），乳名邵阿大，1909 年 11 月 10 日（农历九月廿八）出生于马桥乡彭渡村。六岁时，生母和两个弟弟先后病逝，父亲邵秋泉无力扶养，由姑母邵寿珠领养，带其到南汇县万祥乡南杨宅生活，改名杨品珍。1922 年秋，杨逸菲小学毕业后，入新场镇达明女校寄宿就读，喜欢接受进步书刊的熏陶。养父杨绍昌原为金山县知事，认为其有失体统，竭力阻挠其参与社会活动，试图以包办婚姻胁迫其就范。

1927年年底，为了彻底冲破封建家庭的束缚，杨逸菲毅然跳窗逃离家门，投奔到刚创建的“红色摇篮”曙光中学。当时，奉贤县四团镇上有恶霸横行，中共浦东特委决定以“红色恐怖反对白色恐怖”。1928年6月16日，天正下着绵绵细雨。通过林钧筹划，除暴所用的两支手枪就装在藤条箱中，由“中央特科”红队队员赵一凡充当“哥哥”，一路护送交通员杨逸菲到关桥码头上船，装扮成“放假返乡的女学生”，赶到新场镇，交给在正明小学执教的盛幼宣，再由他转送行动小组。就此，杨逸菲与盛幼宣在斗争中相识相知。

1928年9月，曙光中学遭查封后，杨逸菲随老师林钧转移到上海城区。林钧时任中共淞浦特委宣传部部长，隐蔽同孚路和长浜路交界的一家烟店楼上（今延安中路1013弄2号），这里是中共淞浦特委机关临时办公地。在这里，杨逸菲加入了中国共产党，并与周大根以兄妹名义担任机要交通员。年底，特委机关突然遭到破坏，敌特在此设下圈套。为提防同志误入，杨逸菲坚持以“佣人”身份留守原地。结果她被关在小屋内，无法脱身。两天后，敌特撤离了，而杨逸菲与党组织失去联系，顿时成了无处安身的流浪者。她无奈化名倪雪鸿，隐蔽在周浦同学倪慎言家中。

那天，杨逸菲有幸巧遇盛幼宣，想起当初“交接枪支”的情景，认定是可靠的战友，便吐露真情，一起来到明强小学（从此由杨品珍改名为杨逸菲）。

杨逸菲时年十九岁，机灵热情，善说能唱。盛幼宣说动校长帮助，接纳她在校担任音乐老师。

校长认定他俩必是一对恋人，有心成全。而重逢的杨逸菲与盛幼宣，果然患难生情，弄假成真。不久，由林钧主持婚礼，他俩结为夫妻。

战友相聚

七宝镇地处青浦、松江、上海三县交界地，商贸活跃，人员流动频繁，又因一地“三县分治”，政出多门，互不买账。明强小学所处七宝北镇，属青浦县辖区，因远离县治，当局防控松散。盛幼宣、杨逸菲隐蔽在此，利用课堂开展体育文娱活动，组织学生排练话剧《家》、学唱进步歌曲，但是对外并不张扬，因此无人生疑。

1929年1月，奉贤庄行农民武装暴动遇挫后，参与领导暴动的陈枕石、钱芬为躲避当局追捕，奉命转移到明强小学。在盛幼宣、杨逸菲的掩护下，陈枕石（化名庄旦）和钱芬（化名徐坤林）应聘担任明强小学教员。

1930年8月，南汇泥城暴动遇挫后，中共江苏省委派暴动领导者沈千祥（1899—1931，化名顾志高）转任中共松江县委书记。秋天，他安排参与暴动的泥城小学教师姜文源（泥城乡兴隆村人，化名胡士杰，后改名姜杰）与兄弟姜文奎（1904—1943，乳名财林，又名姜斌，化名管延庆）和宋振昌先后转移到七宝，由盛幼宣、杨逸菲接应，在明强小学任教。同年12月，因沈千祥不幸被捕，他们与党组织一时失去了联系。

七名战友相聚在明强小学，尽管环境险恶，不宜张扬暴露，这里依然成为红色熔炉。他们传阅党组织的刊物和文件等，组织师生排练话剧《家》等，还发动高年级学生抗议教员唐某美化国民党法西斯教育而举行罢课活动。

其间，党组织选派战友赵一凡远赴莫斯科中山大学深造，盛幼宣、杨逸菲倾囊相助，为其置备行装。赵一凡曾担任上海工人纠察队总教练，还同盛幼宣一起参加了南昌起义，他与杨逸菲曾以兄妹关系作掩护执行重要任务，此时分别，深情难舍。

1931年年初，杨逸菲和盛幼宣夫妇的入党介绍人林钧被捕入狱，而其夫人杨淑英刚生育不久，为躲避敌特追捕，便将未满三岁的长子朱新光交付杨逸菲抚养。杨逸菲不负战友情，在艰难的生活环境中，始终将这孩子带在身边。

建立党支部

在杨逸菲、盛幼宣、姜文奎等中共党员的影响下，明强小学校长郑茂如、女教师黄竞之、农民陈金生等成为革命新兴力量。

黄竞之（1916—1999），原名黄勤志，出身小商人家庭，家住七宝北街徐家弄 38 号。1932 年夏天，从江苏省立第七（徐州）女子师范学校毕业，年仅十六岁入明强小学任教。在姜文奎的指导下，她开始接触进步书刊，如胡愈之翻译的《莫斯科印象记》《红旗》《新生活》等，萌生了跟着党组织干革命的想法，提交了入党申请书。正式接到第一个任务：收藏和转发组织从外地寄来的书信，向同学和同乡进行革命宣传。她经常会收到《弥陀经》之类的佛经，大多是乍看没有任何笔迹的白纸，唯有用水稀释过的碘酒棉花轻轻划过，纸才会显现文字。她将这些书信装订后，藏在泥菩萨肚子里。

郑茂如、陈金生等先后被发展为中共党员。

1932 年秋，七宝地区第一个中共地下党支部在明强小学正式成立，由姜文奎担任书记，时有党员三人，属中共松（江）金（山）县委领导。此时，盛幼宣、杨逸菲由组织安排调往市区紫金小学执教。经姜文奎推荐，黄竞之加入中国共产党。

1933 年春，姜文奎赴青浦观音堂开展重建农民协会工作时，不慎暴露身份，即奉命撤离七宝，转移到上海城区工作。

随之，黄竞之调离明强小学，先后任民良国民初级小学（后改名沈家巷小学）和大寅村小学校长。

1934 年，观音堂小学教师王东明（1912—1942，本名王苍鹤，青浦县莲盛乡人）调明强小学任教，其兄王志清（化名王仁寿）到号上小学任校长。1935 年 9 月，王东明担任中共七宝党支部书记，时有党员王东明、黄竞之、王志清三人。由倪兆渔（1908—1974，名寿龄，青浦县西岑镇人）单线联系领导，属中共中央特科在上海的组织系统。

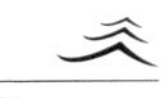

1936年，王东明组织七宝地区小学教员开展要求增薪的斗争，还通过推广新文字等活动，在乡村进行抗日救亡宣传。当年8月下旬，王东明在赴青浦途中被捕，经多方营救，两星期后获释。11月，奉命奔赴延安，后任八路军总部秘书处处长。1942年，不幸遇难（2015年王东明被列入《民政部第二批六百名著名抗日英烈和英雄群体名录》）。

黄家姐弟

1937年7月，黄竞之的弟弟黄自能（1919—2008，后改名肖望）从松江师范学校毕业，任明强小学教师。他自幼充满激情，喜爱鲁迅著作。1936年10月21日，与同学奚天然一起从松江师范学校赶到虹口，参加鲁迅先生追悼会和送葬活动。

1937年11月，七宝沦陷后，明强小学坚持复课。黄竞之与弟弟黄自能、妹妹黄萍之（又名黄维琴）等，在青东各区联合办事处教育股领导下，推进抗日教育，建立抗日少年先锋队组织。

1939年3月，中共青浦工委派朱敏中担任中共任路南区党委书记兼淞沪游击纵队第三支队第一大队第三中队指导员。4月，朱敏中指示在沈家巷小学任教的黄萍之召唤在城区工作的黄竞之和黄自能回乡。于是，黄竞之到沈家巷小学任教，黄自能任淞沪游击纵队第三支队第一大队第二中队政工员。

同年8月，黄自能加入中国共产党，担任中共青浦县观音堂党支部宣传委员、淞沪游击纵队第三支队第一大队第一中队政治指导员。

同年冬季，中共青浦工委派黄竞之等在青浦与松江交界的和尚泾一带开展工作，发展党员，建立党支部。

1940年春，黄萍之进明强小学执教。

1940年初夏时节，黄自能回到七宝，担任中共七（宝）莘（庄）区委书记，以明强小学教师的身份作掩护，开展秘密工作，在这里培养了一批革命人才，先后有二十多名学生参加了八路军、新四军。10月，黄萍之加入共产党，后奉命调往江苏兴化地区。

1940 年入秋后，中共淞沪中心县委（浦东工委和昆嘉青中心县委合并成立）书记顾德欢（又名张瑞昌，青浦县人）指派黄自能（化名王思恒）、黄竞之（化名黄雅琴）前往叶榭私立浦南中学，开展社会调查。当年冬季，黄自能、黄竞之和严克组成中共浦南工作委员会，黄自能任书记，黄竞之负责松江县工作。

1941 年 12 月，黄自能奉命调至浦东新场地区，公开身份是伪政府的税务管理员。黄竞之历任中共浦南工委委员、特派员、民运部部长等职。

黄家姐弟从明强小学起步，在革命道路上越走越昂扬……

红色熔炉

1942 年初，上海“教委”系统中共党员陆康常调到明强小学担任校长。他安排中共地下党员沈康成、彭宝庭、陆蕴玉、张绍圻、沈逸文等先后来校任教，使明强小学成了抗战时期七宝地区的红色堡垒。

1945 年 5 月，黄自能调回七宝地区，担任中共泗宝区委书记、区长和中队指导员。抗战胜利后，他随新四军浙东纵队撤到山东省解放区。

1947 年 2 月，陆康常任中共龙华分区委书记。不久，又有中共地下党员唐伯鸣、冯德明、鲁实秋、朱培蓉、丁祥一等来明强小学任教，向学生宣传革命进步思想，揭露国民党黑暗统治。

一所上海近郊小学校，前后吸纳了这么多中共地下党员，实属罕见，意义非凡。

战斗在蒲汇塘两岸

建立抗日自卫队

1937 年冬，杨家巷的杨国材（1900—1939，乳名杨毛）、徐寿昌等有意出头自建抗日武装。沈家巷的赵瑞卿（1909—1949）鼓动乡民积极参与，汪家巷的丁关兴（1898—1942，原名丁关星）投身其间，共同组织起一支数十人的抗日武装队伍（人称“杨毛部队”），在杨家巷、沈家巷、杜家巷一带展开游击战。同时期，顾复生（1900—1995，青浦凤溪人，1927 年经陈云介绍加入共产党）在青浦东部地区组织“青东人民抗日自卫队”。“青东”，包括赵巷、七宝、黄渡、重固、徐泾等地，根据地中心是观音堂镇（今凤溪镇）。

不久，“杨毛部队”与“青东人民抗日自卫队”合并。6 月，经中共江苏省委同意，在保持独立的原则下接受了国民党方面所加委的“淞沪民众抗敌自卫团第三支队”番号（顾复生任支队长，俗称“顾复生部队”），并建立抗日民主政权“路南区六乡镇办事处”（杨国材任主任），成为中共在浦西领导敌后抗日武装斗争的核心区域。

丁关兴担任第三支队分队长。1938 年冬，在摸清驻守吴家巷集镇的日伪军情况后，丁关兴决心大干一场，壮大抗战声势。他安排徐波余带领十余名战士扮成难民，在白天先后混入吴家巷镇。当夜，丁关兴带领部队包围了吴家巷，里应外合，一举取得胜利，缴获了一批武器和粮食。此战在青浦、松江、上海三县产生重大影响。

沈家巷成为根据地

1939年3月，为使部队灰色隐蔽起见，杨国材、丁关兴等接受国民党第三战区淞沪游击纵队第三支队番号。中共青浦工委派朱敏中到七宝地区，并任命路南区（含七宝镇吴家巷）党委书记兼淞沪游击纵队第三支队第一大队第三中队指导员杨国材任中队长。

1939年4月，朱敏中指示在沈家巷小学任教的黄萍之召唤在城区工作的姐姐黄竞之和哥哥黄自能回乡。于是，黄竞之到沈家巷小学，黄自能参加第三中队。

路南区委需要在沈家巷找一个落脚点。经沈家巷小学教师、地下党员黄竞之再三考察和推荐，朱敏中结识了沈家巷的“主心骨”赵瑞卿。朱敏中常住在赵瑞卿家中，赵家就此成为路南区委的秘密活动点，并在赵家后厢房里设立地下印刷所，印刷了《野火》杂志、油印小报《大家看》以及《抗日救国十大纲领》等文件。赵瑞卿巧妙地闯过横沥江边的日伪检问所，用船运来印刷急需的纸张、油墨。印刷品墨迹未干，他又迅速传送到各联络点。

同年12月，赵瑞卿经朱敏中介绍，加入中国共产党。入党后，他在照顾往来游击队员生活等方面做了大量的工作。小学校来了几位地下党员，沈家巷成为中共路南区委的根据地。

1939年7月中旬，朱敏中、杨国材率第三中队配合新四军“江南抗日义勇军”廖政国团，在七宝地区反击忠义救国军姚友莲部。7月23日夜，袭击虹桥机场，烧毁敌机四架。8月2日凌晨，杨国材率队在王娘子桥宿营时，遭虹桥机场日伪军突袭，不幸遇难。

丁关兴英勇就义

1940年4月，日伪军包围青东抗日游击区，疯狂进行长达半月之久的

清乡大屠杀。丁关兴率队突围，死里逃生。10月，第三支队改称“淞沪游击纵队”（亦称“昆青支队”），顾复生担任司令员。丁关兴担任第三分队队长。

1942年1月下旬，丁关兴带领部队宿营在青沪公路吉安公墓附近的杨家角村（徐泾镇西北部的乡村集镇）。当地伪乡长蔡桂香闻讯后，有意立功受赏，故意送来“消息”称有一小队被打散的人员要来投奔。丁关兴信以为真，即派联络员前去接头。不料，该联络员被捕后叛变，并引来佯称是“自己的部队”的日伪军。丁关兴的队伍突遭袭击，一番激战，最终战斗失利。在战斗中，丁关兴身负重伤被俘。

1942年2月2日，丁关兴在松江县九里亭庄家桥英勇就义。时年四十三岁。

建立联络站

为唤起民众抗日救亡意识，七宝镇青年郭建春（1915—1996，七宝镇人）在中共地下党员黄自能的指导下，以伪镇长喜爱申曲（沪剧旧称）为契机，促其出面在镇上建立了“同乐社”。

建社后，郭建春组织当地热血青年聚会，以学唱申曲为掩护，时常讨论国内大事，宣传抗日救国道理。因伪镇长不时会来“同乐”，这个红色据点平安地活跃了好几年。

1940年3月，二十五岁的郭建春由黄自能介绍加入中国共产党。之后，按照上级党组织的决定，他在七宝镇北大街23号开了一个店铺作秘密联络站，取名“泰德祥”，以“老板”

七宝镇北大街23号

身份作掩护，为游击队、新四军运送药品和抗日宣传品，配合党的武装斗争。

抗战进入新阶段

1943年夏，中共浙东区党委（谭启龙任书记）正式创立浙东抗日根据地和第三战区三北游击司令部（1944年1月改名为“新四军浙东游击纵队司令部”）。

1944年1月，解放区战场局部反攻，抗战进入新阶段。10月，新四军浙东游击纵队昆（山）青（浦）支队（原称“沪松支队”）第三中队进入莘庄、七宝、泗泾、新桥一带，开展抗日游击活动，并逐步站稳了脚跟。

1945年初，浙东各界代表大会在梁弄镇（今属浙江省宁波市）召开，宣告成立抗日民主政权，称“浙东行政公署”，并决定将抗日根据地向上海扩展，要在淞沪地区选择适当地点创立地区行署。

泗宝区公所崛起

自此，在上海近郊创立抗日根据地的工作迅速展开。

1945年4月，中共松江工委建立，由雷敏任书记。雷敏时任新四军淞沪支队衡山大队政委。

1945年5月，在松江工委的领导下，中共泗宝区委宣告建立，由在本地拥有广泛社会人脉的黄自能（化名肖望）担任书记。为增强当地组织武装斗争的领导力量，浙东游击纵队淞沪支队政委陈伟达的警卫员周清华（1922—1945，江苏兴化人）奉命前来担任区委委员。

1945年5月23日（农历四月十二日），中共松江工委在莘庄乡西北角的吉家巷村（今属莘庄镇东吴村）召开泗泾、七宝、莘庄、新桥地区各界代表会议，宣告在上海近郊敌占区建立第一个抗日民主政权，定名“泗宝区公所”，公推黄自能任区长，进步人士赵克山任副区长。泗宝区公所

下辖二十六个乡和泗泾、七宝、莘庄、新桥等四个镇，驻地选在松江新桥镇西的小圩里村（今九亭镇沧石桥村北小圩）。

不久，路南区公所（青沪公路以南）也宣告成立。

组建“茅山”中队

新四军淞沪支队衡山大队（即独立大队）从浦东进入松江地区，并抽调十七人组成泗宝区公所武工中队，番号“茅山”，由周清华任中队长。就此，周清华率茅山中队活跃在七宝、莘庄、泗泾地区。

1945 年春季，日伪忠义救国军第五支队开进赵庄乡（今九亭乡范围）逼捐，茅山中队埋伏于新桥要道拦击，毙敌九人，缴获短枪八支。

1945 年 8 月 15 日，日本宣告实行无条件投降。眼看抗日战争可以胜利结束，但是日伪军仍然没有放下武器。

8 月 18 日，伪税警部队数百人，在七宝伪军头目李英杰部配合下，突然袭击我“衡山”大队和泗宝区公所驻地小圩里村。周清华率队英勇阻击，在战斗中壮烈牺牲，时年仅二十三岁。

不久，形势发生新的变化。1945 年 10 月，淞沪支队和已暴露身份的中共党员奉命集体撤往苏北解放区，泗宝区公所随之撤销。

淞沪支队攻打七号桥据点

漕宝路七号桥伪军据点位于七宝镇东北里许，原是日伪“清乡”时设立的大检问所，有十多间营房和一个两层碉堡式的大岗楼。

1945 年 8 月 15 日，日本宣布无条件投降，而摇身一变的大汉奸周佛海以“先遣司令”的名义，派出伪军李英杰部进驻七号桥据点，企图占据战略要地，阻止新四军东进。

1945 年 8 月 18 日，周佛海派出伪税警熊剑东部数百人，在伪军李英杰部配合下，突袭新四军淞沪支队衡山大队和泗宝区公所。泗宝区抗日根据地情况危急。

淞沪支队支队长朱亚民急忙率领翁阿坤的泰山大队、赵熊的华山大队各一部及崂山中队、舟山中队人员赶到七宝，决心拔掉伪军李英杰部的据点。朱亚民找来泗宝区副区长赵克山，了解当地实情后，即准备一些门板和棉被，以便通过铁丝网。

1945 年 8 月 19 日午夜，淞沪支队悄悄逼近漕宝路七号桥伪军据点。

次日凌晨3点，战斗打响，按计划分两路进攻。朱亚民亲率正面一路，由东向里攻，目标是攻克岗楼；翁阿坤率部由西向里攻，目标是敌营房。他们用门板、棉被越过铁丝网，很快扫清了敌据点周围的几只小碉堡。伪军逃到大碉堡岗楼里固守。翁阿坤部队攻占了敌营房，缴获了一批武器，击毙李英杰及三四十人，并抓到一批俘虏。

然而，敌方的碉堡岗楼久攻不下。朱亚民带战士冲上去，发现这是个碉堡群，大碉堡是母碉堡，靠手榴弹炸不了它。他冲到离大碉堡三四十米的地方，发现前面有条河，便想沿河绕到母堡边上再往里掷手榴弹。但跑了几十米，才发现这是条直浜，绕不过去。岗楼里的伪军拼命射击，一颗子弹击中朱亚民的小腿。

眼看天色将明，不利于继续硬攻，淞沪支队只得停止攻击。而伪军见淞沪支队撤离战场，即丢弃碉堡仓皇逃命，淞沪支队趁机返身占领了敌据点。

在这次战斗中，淞沪支队副排长汪海清（伤重致亡）、侦察员赵杏林、卫生员朱亚光和战士刘宝兴、钱思本（伤重致亡）等五人牺牲，支队长朱亚民、中队副李阿全、侦察员杨仓负伤。

迎接解放

重建党支部

抗战胜利后，七宝地区的中共地下党员多数随淞沪支队和浙东纵队北撤，仅留下原属中共江苏省委青东县委联系的郭建春、徐嘉骝和中共上海市委教委联系的陆康常、沈逸文、彭云庭等五位同志。

时任七宝镇公所镇长的蒋云辉（兼任明强小学校长，家住南东塘滩）为人宽厚，办事不谋私利，注重地方教育事业发展，对中共地下党活动有所庇护。赵瑞卿受中共地下党组织安排出任七宝镇公所副镇长，以合法身份为民办实事。因此，七宝地区呈现较为安定的社会氛围。

1946 年 8 月，七宝地区重建中共党支部，郭建春任书记。赵瑞卿以镇公所副镇长的身份，公开支持中共党员们以办学的合法形式，在明强小学办义务民校、建校友会，在北大街茶楼上办文娱活动室、书刊阅览室，从而开展组织群众和宣传革命的工作。随后，又在本镇和吴家巷村开办第九十五民校的两个班级，推荐进步书刊，宣讲时事要闻，扩大了社会影响，壮大了革命力量。

1946 年秋，沈家巷出了人命案，死者竟是当地警察所的一个班长。警察所在沈家巷随意抓人，还扬言要火烧全村。赵瑞卿一查，事实是当地土匪姚友连谋财杀人潜逃。他据理力争，阻止警察所乘机敲诈。事情越闹越大，青浦县警察局给赵瑞卿发来传票，命他出庭受审，严查人命案。赵瑞卿想到，事情起因是为了钱，就变卖掉家中十亩田，打通关节，使这场官司不了了之。就此，“识时务的赵瑞卿”赢得反动当局的好感，“舍财护村”的“赵先生”更受到沈家巷百姓的赞扬。

1946年冬，在郭建春的指导下，由董俊明等发起组建明强小学校友会，团结了历届校友一百多人。1947年，在徐嘉骝的努力下，正式建立“七宝青年联谊社”，他们编印《明强校友刊》，集资办图书馆，举办交流活动，形成凝聚力。

1947年初，中共党支部在镇北杨家泾、柴家湾等开办民校。夏季，又在号上村、小涞桥增设分校。董俊明、夏崇麒、徐伯涛等地下党员分头前去担任教员。当年秋季，冲破阻力，举办了民校周年庆活动。

1947年下半年起，中共七宝地下组织全部划入中共龙华分区委领导，郭建春担任龙华分区区委宣传委员。

一年多来，七宝地区新发展中共党员十三名，党员总人数增至二十五名，分布在镇、村各阶层，其中有产业工人、店员、农民、教师、学生，有的充当保长、甲长、保干事、义务警察和自卫队员等。1947年11月，建立中共党总支委员会，由郭建春任书记，下设三个党支部。党的外围组织有明强校友会、七宝青年联谊会、市第九十五民校等，在农村还酝酿筹建农会、合作社、姐妹会等，活动更加活跃。

智斗警察局

自从1929年实行地方自治，试行区制，区下设乡。七宝镇七号桥东原上海县界的区域，划入上海特别市蒲淞区。七号桥西设七宝区，按南北分属松江、青浦县，南镇与北镇分设镇长。如此“一地三县分治”，难免矛盾重重。中共地下党组织便利用管辖权矛盾，团结地方士绅，一次次阻止了龙华区警察分局对进步力量的迫害。

1947年秋，龙华警察分局局长许林海遣两名警察来到七宝镇，以检查阅览室书刊为名，制造事端，被当地自卫队扣留。警察分局又派义警大队副、军统特务顾品余带队声称要缴自卫队的枪。自卫队群起斗之，顾品余狼狈溜走。许林海恼羞成怒，悍然发出拘捕证，扣押有正义感的本镇商人鲍学仁，顿时引起群愤。镇长蒋云辉出面阻止，认为龙华分局越界捕人是

非法的。七宝民众随之奋起，将“反对龙华分局越界非法捕人”“撤职查办许林海”等抗议标语贴在开往上海的公共汽车上，闹得上海滩满城风雨。

中共龙华分区委和七宝地下党组织，乘上海市参议会召开之机，一面组织七宝民众散发传单，揭露龙华警察分局借端肇事，一面授意列席会议的七宝镇进步人士李郁盛串联一部分参议员，要求市参议会倾听民意，进行干预。

上海市政府不得不派警察局长俞叔平，会同青浦县县长刘劲等到七宝处理事端，当场向七宝民众表示歉意。事后，许林海被撤职，大快人心。

1948 年春，七宝高级农业职业学校改由中共七宝党总支领导，地方进步力量更加壮大。

1948 年 8 月，七宝镇青年联谊社创办《七宝青年通讯》（后名《蒲溪月刊》）。9 月 17 日中秋节，举办了一千多人参加的文艺晚会，产生重大社会影响。

筑碉堡风云

1949 年 1 月下旬，解放战争进展神速，国民党守军急忙在七宝地区修筑起三十四个碉堡，并以清除射界内障碍物为名，将五百米范围内的当地百姓强行驱走，将所有建筑物以及竹园、树木全部拆光、砍光、烧光，制造无人地带。为此，七宝地区十五个村被烧房屋达八百二十多间。

为了立即清除障碍物，削平高冈地，国民党守军强征当地民工参加碉堡工程建设。

于是，郭建春串联五十余名正副保长，发动举行全区性的“为民请命”活动，采取“一避二磨三暗损”的斗争方式，并公开提出建碉堡是营造厂承包的，钱已摊派给老百姓，不应再出民工。七宝民众积极响应，唱出了一首顺口溜：“造碉堡，造碉堡，当官的乘机捞腰包，老百姓毁地，出钱又出工，解放军大炮一轰全报销。有道是‘国军’兵败如山倒，乌龟壳哪能保得牢。”

赵瑞卿

赵瑞卿（1909—1949），七宝镇沈家巷（今沪星村）人，出身于地多人多的富农家庭。从小一面读书，一面务农，毕业于青浦中学。

1938年秋，赵瑞卿在青东地方抗日民主政权支持下，全力帮助沈家巷小学复课，开办农民夜校，并担任代课教师，坚持宣传抗日爱国。同时，持续筹集粮食等物资支援青东抗日武装，使沈家巷村成为游击队活动的重要据点。

1939年春，中共青浦工委派朱敏中任三中队指导员，常住赵瑞卿家中，赵家成为秘密活动点。同年12月，赵瑞卿经朱敏中、黄自能介绍，加入中国共产党。入党后，他在照顾往来游击队员生活等方面做了大量的工作。

1940年春，青东地区遭日军疯狂“扫荡”，三中队被迫转移北撤。赵瑞卿奉命留守，为部队密藏了部分枪支弹药。

1945年抗战胜利后，中共地下党组织安排赵瑞卿出任七宝镇公所副镇长，利用特殊身份开展地下工作。1947年，改任保长。

此时，赵瑞卿利用保长身份，用各种借口，以不派工、少派工、只派女工或童工等方式，故意延缓工期。斗争坚持了五天，无人出工。因此，敌人对赵瑞卿极为恼怒，总想寻机报复。

1949年3月里，军情紧急。赵瑞卿急中生智，决意以“为大儿子操办喜事”，拖住四邻八村劳力。他不惜破财，大摆宴席，招来数十个青壮年“相帮”和满宅基的贺客，足足闹了三天还未曾停息。

国民党驻军头目恼羞成怒，派出十六名士兵冲到沈家巷，涌进赵家，动手捆绑赵瑞卿，将他硬拖到两三里路外的小涞桥天主堂。一路上，赵瑞卿惨遭毒打，口吐鲜血，到达小涞桥天主堂时已伤重身亡，时年四十岁。

1984年3月16日，赵瑞卿被追认为革命烈士，安葬在闵行区烈士陵园。

接应解放军

这一时期，中共七宝党总支迅速采取措施，抓紧进行敌情调查并设法截取守军作战地图，及时选派人员为人民解放军的进攻担任向导，组织群众开展保护古镇的斗争。

1949 年 4 月中旬，为迎接上海解放，中共徐龙区委建立人民保安队区队部，由严庆龙任区队长，石敬诚任政治委员。经过深入发动，几天内就组成有一千二百多人参加的四个大队。郭建春任第三大队大队长，担负七宝、莘庄地区的巡逻和执勤任务。

国民党军几次三番扬言要烧毁七宝老镇，中共党组织看穿他们是敲诈勒索，便策动蒋云辉、李郁盛等地方上层人士出面，由商界出资八头猪、四只金戒指，与国民党军营长邢巨榜交涉，阻止烧拆民房。

上海战役在上海外围打响后，七宝地下党支部先后组织三十多名地下党员和积极分子，在吉家巷分批集中出发，去青浦方向接引解放军入城。几经周折，终于与解放军 27 军 81 师取得联系。地下党还组织力量实地观察地形，掌握道路、桥梁、河道等情况，并收集国民党驻军番号、人员、武器装备和义务警察的编制人员、动态等情况并写成材料，绘制地图转交人民解放军。

中共党员杨德明趁居住在自己家中的敌军连长外出时，借助扶梯越入其卧室，从抽屉里找到了虹桥、七宝、莘庄、梅陇一带敌碉堡、战壕防守图，连夜送到地下党组织，进行手工复制，之后放回到原处，为扭转战局立下功劳。

中共地下党组织还通过负责碉堡修筑工程的陆根记营造厂业主陆根泉的侄儿陆勋，获得了近郊地区碉堡分布简图，为人民解放军提供了重要情报。

1949 年 5 月上旬，人民解放军 27 军 80 师先后解放青浦、松江县城，直逼上海市中心城区。消息传来，国民党守军慌了手脚，放火焚烧七宝老街东塘滩民房，要枪杀抗拒焚烧的居民孙秋梅。在这紧急时刻，解放军先头部队于14日晚到达七宝镇郊，及时赶到七宝老街，迅速灭火，结果只烧掉了两间房子。

1949年5月15日，七宝镇宣告解放，随即在镇上张贴安民布告，宣布七宝镇人民办事处设在三善堂小学内，由徐嘉骝担任人民办事处主任。同时，解放军27军80师在七宝、莘庄、诸翟地区隐蔽结集，准备进军上海城区。

攻克“拦路虎”

漕宝路七号桥东堍北侧构建有三层钢筋水泥碉堡一座，它体形庞大，约与两层楼房等高，底层是三个圆形子堡，环环相连，托举着一个圆形子堡，上面还有一个长方体结构的岗亭。同时，沿蒲汇塘一线及镇郊，利用自然地形，构筑了呈立体层次的大量子堡，七号桥碉堡成为解放军进军上海城区的“拦路虎”。

1949年5月19日零时二十五分，解放军27军80师239团向七号桥碉堡发起攻击，因遭国民党守军顽抗而受挫。

1949年5月21至23日，解放军80师239团四营奉命连续向七号桥碉堡发起攻击，他们采取迂回战术，一举攻克两侧阵地，越过了蒲汇塘，迫使守军处于腹背受敌之势。激战三昼夜，解放军终于攻克守军防线，打开了上海城区的西大门，大踏步向“大上海”进军。

在解放上海战役中，解放军阵亡官兵有三百四十八名，其中安葬在七宝教寺北侧有二十七名。1950年4月5日清明节，在南洋模范中学七宝分校操场上举行了追悼大会，上海市副市长潘汉年亲临七宝祭奠。一年后，全部忠骨安放至上海龙华烈士陵园。

在解放七宝战斗中牺牲的解放军战士有四十五人（其中十人为无名烈士）。据龙华烈士陵园资料介绍，其中有解放军27军239团四连班长李本盛（山东威海人）、239团七连战士陈国华（广西灵山人）、239团七

连战士唐光廷（四川人）、239 团六连战士刘维贤（湖南益阳人）、238 团三连战士李安金（河南延津人）、238 团机三连战士吴善照（湖南花垣人）、某连战士张有民等。

硝烟弥漫中的七宝古镇真正回到了人民手中，一个崭新的时代从此开始了……

1949 年冬，拆除防御工事

迈上社会主义道路

当家做主

1949 年 5 月 15 日，七宝镇解放了。由于上海市还未全部解放，所以行政归属上暂由江苏省松江县接管。随即在镇上张贴安民布告，宣布人民办事处设在三善堂小学内。

1949 年 5 月 27 日，上海全市解放，避难的居民陆续返回。

1949 年 5 月 29 日，镇民大会在七宝圣母天主堂内召开。在会上进行形势教育，宣传党的政策，号召复工复业。5 月底，商店先后恢复营业。6 月间，镇工会、妇联、商会先后成立筹委会。

松江解放后，松江市、松江县的党、政、军领导机构分别在松江城区和泗泾镇宣告建立。松江市下辖中山、永丰、岳阳、华阳桥四镇，松江县下辖六个乡镇联合办事处和泗泾、七宝两个镇。1949 年 6 月 19 日，苏南人民行政公署决定将七宝镇划回上海市龙华区管辖。

1950 年初，废除保甲制，开始民主建政。3 月初，七宝镇人民政府建立，徐嘉骝任镇长，程祖侯任副镇长。

6 月，各乡、村正式成立人民政权。

10 月，贯彻《中华人民共和国土地改革法》，开展土地改革。次年 2 月，七宝地区土地改革运动正式开始。

11 月 20 日，七宝地区在大寺场举办为期五天的城乡物资交流会。

1951 年 12 月，七宝地区土地改革运动结束。

同乐的人们

新中国诞生，各地庆祝活动持续不断。“土地改革”开始，乡村一派欢天喜地的景象。这里的丝竹班社大显身手，那些以往没有班社的村宅里也响起了丝竹声。

七宝镇西北的汪更巷（今七宝镇沪星村七队）、张家宅、周家弄、高更浪、施家油车等五个村上有七八个丝竹爱好者经常聚集在一起，因奏乐水平有限，仅以自娱为主，不敢打出班社旗号。一天，他们相约赶到七宝皮影戏班名家叶金舟家中，以“玩玩乐器”为名来听听他的指教。叶金舟熟悉丝竹乐器，又为人热情，竟一口答应“同乐同乐”。于是，由丁关禄发起，他们索性组成一个班子，取名“同乐国乐社”，邀请叶金舟为辅导。经过七八年的学习，有了基本功夫，队伍也发展到十四人。

1951年，为迎接土地改革新高潮，同乐国乐社成员自费更新乐器，还买来全套彩头，将乐器打扮得漂漂亮亮，特意做了一条“同乐国乐社”的横幅作开道旗，辗转各村宅做义务表演，声名鹊起。

当隔壁徐泾乡召开土改庆功大会时，他们应邀前去演出。由王德贤、丁海林扯着“同乐国乐社”开道旗率队登台，叶金舟亲自启板引乐，高书根的小碰铃声扣板中，丁关根、丁顺岐按板吹响笛声，丁德其、丁纪林拉动二胡“犹如捋绷，宛如把橹”，丁顺德的琵琶上垂挂的“鲤鱼跳龙门”窜游不息，丁关禄的三弦挂着的“聚宝盆”生辉夺目，高明华、汪俊龙俩一对捧笙分左右，施志成拉的板胡顶上装彩“孔雀开屏”，徐琴生弹的月琴顶上也有“花戏蝴蝶”，真是闻者悦耳，见者欢心。

可惜没有多久，他们中有不少成员因走上重要工作岗位而无暇再参与演出，当丁关胜、丁顺岐相继离世之后，班社演出活动就此难以继续了。

新时代开始了

1954 年下半年，七宝地区建有三十二个初级农业生产合作社。

1955 年 12 月 27 日，毛泽东主席在编辑《中国农村的社会主义高潮》一书时，为介绍虹南乡农业生产合作化的文章撰写按语，指出“当然还有许多战斗在后头，还要努力作战”。

《号上大队》连环画封面

1956 年 1 月，对私营工商业的社会主义改造进入高潮，七宝镇上的商店进行大规模公私合营改组，老街上面貌一新。

是年，社会主义改造基本完成，全国进入社会主义社会。

史无前例的新时代开始了！

1955 年七宝农业学校拖拉机耕田演示

1958 年专业剧团在七宝农村演出活报剧

1958 年 2 月七宝农民陈德根家中电灯亮了

安平桥上留影（上图为二十世纪五十年代，下图为六十年代）

图说“老公社”

七一人民公社机关旧址，位于七宝镇浴堂街4号，当地人称“老公社”。

这里曾经是七宝老街道教场所文昌宫的一部分。七宝原有文昌阁，毁于清同治年间。后来，在浴堂街与典当街东北侧再建文昌宫，是一幢三开间两进深的两层楼房，中间为天井，两旁有东西厢房，后棣房屋底层正厅供奉孔子神位。当年，这里是镇上要人碰头议事的场所。

人民公社，是工农商学兵相结合的基层单位。1958年9月21日，七一人民公社宣告成立，是上海市郊区公社化运动的第一面红旗。公社设管理委员会，为“政社合一”的基层政权机构。七一公社成立初期，机关设在这里以及对面的“三善堂”旧屋内。1983年6月，被划入七宝镇，七一公社撤销。2009年8月6日，旧址被列为闵行区文物保护单位。

老公社

1958年9月21日七一人民公社成立

七一人民公社成立大会

1958 年友谊社社员报名加入公社

七一公社一个耕作区的妇产院

七一公社中心医院和卫生院抽出人员分地段巡回医疗

宝北生产队保健室

一个月内公社创办466所农民食堂

公社全面实行伙食供给制

耘稻

罱河泥

采棉花

参观丰收展览会

社员集体出工

公社拖拉机队整装待发

公社下派干部和社员合影

附 录

2020 年的七宝老街

历史大事记

宋代初

七宝寺迁入华亭县三十五保地界，选中蒲汇塘北、横沥港西。

北宋大中祥符元年（1008）

宋真宗赐额“七宝教寺”。所在地因寺得名为七宝镇。

大中祥符三年（1010）

七宝教寺进行大规模拓建。

南宋淳熙二年（1175）

蒲汇塘疏浚。

元至元二十九年（1292）

松江府立上海县。七宝北镇仍属华亭县三十五保，东面横沥河以东属上海县。

大德年间（1297—1307）

七宝教寺山门前香花浜上建三座香花桥，连接北大街。

至正年间（1341—1370）

七宝南镇始建东圣堂（南七宝禅寺）。

明洪武元年（1368）

七宝镇区设有税课司。

洪武二十三年（1390）

七宝镇区设立预备仓四所。

洪武年间（1368—1398）

始建蒲溪道院。

是年，朝廷召集天下高僧，七宝教寺僧人敬公亦应召赴京城。

永乐七年（1409）

九月，七宝教寺住持僧博洽主持铸建铜钟（俗称氽来钟），并撰铭文。

宣德八年（1433）

七宝镇区置济农仓。

正统元年（1436）

书画家金铉病逝，墓葬七宝。

天顺三年（1459）

张龄中举人，出任浙江温州府通判。

弘治六年（1493）

黄明中进士。

景泰二年（1451）

金绶中进士，官至陕西巩昌府通判。

景泰五年（1454）

金纯中进士，任刑部主事，后任河南布政司。

成化十九年（1483）

七宝教寺重修。

正德六年（1511）

金濂中进士，任礼部主事，后迁巩昌府知府。

正德十三年（1518）

徐寿、张勋募建蒲汇塘桥。

嘉靖三年（1524）

六月，名士陆深到七宝一游，撰《题七宝僧诗卷》《赠徐寿建桥》。

嘉靖十二年（1533）

徐寿出资营建七宝教寺大殿，绘塑圣像，点燃长明灯。

嘉靖二十一年（1542）

松江府建青浦县，七宝北镇由华亭县划归青浦县。

嘉靖二十三年（1544）

遭遇天灾。徐寿以课徒耕作所得慷慨粜米五百石，救济灾民，获得朝廷赏赐。

是年，王会中进士。

嘉靖三十八年（1559）

金定中进士，担任福建按察使佥事。

嘉靖年间（1522—1566）

逢端午蒲汇塘上始有赛龙舟。延续至清道光年间。

隆庆元年（1567）

徐三重中举人。

隆庆三年（1569）

徐寿逝世，享年七十六岁。

万历二年（1574）

徐三重会试中贡士。

万历五年（1577）

徐三重中进士，授刑部江西清吏司主事。

万历十一年（1583）

徐三重返乡。

万历十三年（1585）

徐三重筹资重建七宝教寺。

万历十八年（1590）

孟夏，王会撰《重修大雄宝殿碑》。

万历二十三年（1595）

冬，王会无疾而终，享年七十八岁。

是年，徐泮铸造铁佛供于南七宝寺。

万历二十五年（1597）

七月，徐泮撰《灯油记略碑》立于七宝教寺。

是年，吕克孝参加乡试，高中解元。

万历二十九年（1601）

徐祯稷中进士。

万历三十一年（1603）

腊月，七宝教寺内立《七宝寺云台殿记碑》。

万历四十一年（1613）

王庭梅中进士。官至刑部尚书。

万历四十七年（1619）

王庭柏中进士。

天启元年（1621）

徐三重去世，享年七十八岁。

是年，吕克孝赴京城任工部营缮司郎中。

天启四年（1624）

吕克孝被诬害罢官遣返故里。

天启七年（1627）

十月，徐祯稷任浙江按察司副使。

秋，吕克孝贫病忧愤而逝。

崇祯二年（1629）

徐祯稷辞官返乡。

崇祯十四年（1641）

徐祯稷出面与府、县衙周旋，解救饥民二千多人。

崇祯十六年（1643）

徐祯稷侄儿徐丙晋中进士，官吏部郎中。

清顺治二年（1645）

徐祯稷去世，享年七十岁。

顺治九年（1652）

松江府重建乡贤祠，七宝镇入选者有徐三重、王俞、黄廷鹄、王庭柏。

顺治十一年（1654）

立《华亭县奉宪严禁牙役混派滋扰碑》。

顺治十二年（1655）

立《宪禁越例扰民永遵恪守记碑》。

顺治十四年（1657）

华亭知县张超到七宝镇区巡视，撰《宿七宝寺僧楼》诗。

康熙二十一年（1682）

冬，徐祯稷《耻言》二卷刊印。

康熙二十二年（1683）

七宝教寺内立《松江府奉宪严禁脚夫霸横扰民碑》。

康熙四十年（1701）

立《康熙重刻碑》，记顺治年两碑并刻、重刻之事。

康熙四十一年（1702）

四月，七宝士民在七宝教寺内立《松江府永禁地棍恃强为害告示碑》。

乾隆十年（1745）

青浦县丞移驻七宝，以资弹压。

乾隆四十五年（1780）

七宝镇东南建成吴家弥额尔天神堂、阮家库天主教若瑟堂。

乾隆五十一年（1786）

天灾岁荒，娄县三十五保乡人请求减征官粮，发生“漕弊惨案”。

乾隆年间

七宝镇周边村宅建成塘湾里天主教圣母无原罪始胎堂、朱家巷天主圣三堂、蒋家塘圣母七若堂、许家塘若瑟堂等宗教活动场所。

嘉庆五年（1800）

七宝镇西南喻家巷建成天主教若望尼多莫堂。

嘉庆六年（1801）

总督江南河道提督军务康基田主持疏浚蒲汇塘，寄寓于七宝教寺。

嘉庆八年（1803）

七宝镇举办大型赛灯会。

嘉庆十五年（1810）

冯以昌在北横塘庙东创建张公祠，乡人瞻仰“舍生取义”张超琪。

嘉庆二十一年（1816）

立《青浦县严禁地保差仵藉尸诈扰告示碑》。

嘉庆年间（1796—1820）

新任巡检黄文华在七宝南镇南街购房，修葺成青浦县丞官署。

七宝回民在王家场创立清真寺。

道光初年（1821）

南镇各店铺发起“万人缘”募资重修南城隍庙

道光九年（1829）

吴雅阁在塘湾里天主教圣母无原罪始胎堂出任司铎。

道光十二年（1832）

闰九月，北镇各牙行店铺发起“万人缘”募资重修北城隍庙。

道光十四年（1834）

乡人重修北镇北栅楼上的财神祠。

道光十六年（1836）

上海县知县黄冕奉江苏巡抚林则徐之令，实施疏浚蒲汇塘工程。林则徐亲临七宝实地验收。

道光十八年（1838）

五月二十七日，安平桥工程开工，至除夕完工。

是年，南镇负责的康乐桥工程半年建成。

道光二十一年（1841）

秋，《蒲溪小志》四卷成书。

乡人重修南镇王家场的土地祠和北横沥之东的祖师堂。

道光二十二年（1842）

耶稣会士南格禄集合上海所有华籍神父在塘湾里天主堂“避静”。

道光二十五年（1845）

立《松江府为禁流丐土匪勾结盘踞强索肆窃告示碑》。

道光二十六年（1846）

洋布洋纱盛行，土布市场急剧萎缩。

道光二十七年（1847）

3 月，塘湾里天主堂与徐家汇堂合并为 个教区。

道光二十九年（1849）

三月二十七日，七宝乡民到娄县衙门前跪地报荒，发生血案。

道光三十年（1850）

本地建立天主教塘湾里教区，与徐家汇堂分属两个教区。

道光年间（1821—1850）

南镇人氏募资重修南城隍庙。

里人陆元勋著《七宝镇志》一卷。

咸丰十年（1860）至同治元年（1862）

太平军与清兵及洋枪队在七宝地区多次恶战，众多胜迹被毁。

同治三年（1864）

蒲汇塘桥重修。

是年，龙神父购得南镇南街口一方土地，主持实施建堂工程。

同治六年（1867）

8月4日（农历七月十六日），七宝圣母天主堂举行开堂大典。

同治七年（1868）

天主教会在七宝镇南街创设私塾式学堂，为本土第一所新式学堂。

光绪六年（1880）

春，“鸿绪堂”毛氏皮影戏班在“解元厅”首演。

光绪十五年（1889）

七宝镇北大街杨光华创建杨鼎源商号，经营酿造、纺织业。

基督教监理会中国教区牧师宋嘉树到七宝地区传教。

光绪二十年（1894）

6月18日至7月2日，七宝镇南北大街隆重举办十天彩灯赛会。

光绪二十二年（1896）

七宝圣母天主堂首次扩建，形成规模。

光绪二十四年（1898）

6月，爆发饥民抢米风潮。

9月，娄、华亭、青浦三县共立《永禁饥民抢粮碑》。

是年，宋筱溪在七宝镇竹行弄5号开办私立铭恩学堂。

光绪二十六年（1900）

8月27日（八月初三），七宝、华法、诸翟等地盐贩、贫民数千人携火器袭击绅商。

是年，汪鼎昌茶食号在七宝老街开业。

光绪三十一年（1905）

杨光霖、张之珍在七宝教寺财神堂创办明溪小学。两年后，称蒲溪明强两等公学。

光绪三十二年（1906）

四乡民众在杨光霖等支持下，抵制英国人越界筑路。

光绪三十三年（1907）

6月29日，毛氏皮影戏班毛耕渔不幸染病猝死于戏台。

是年，福昌协记典当开业，资本额银元三万元。

光绪三十四年（1908）

张之珍、李昌然、李启仁、杨伯棠、阮毓根等开办公立启秀女子初等小学。

宣统元年（1909）

七宝南镇刘子汀创办的顺泰典当铺在上海西门方浜桥开业。

宣统二年（1910）

是年，置自治乡，七宝镇区以蒲汇塘为界，南镇与北镇分设乡董，分属华亭（娄）、上海、青浦县。

七宝民女已批量生产码带花边。

民国元年（1912）

是年，七宝圣母天主堂再次扩建。

杨纪庚组织建立上海通俗宣讲社七宝支社。

姚姓宁波人在镇上开设客船栈，备有航船六条。

民国二年（1913）

南镇骆静云、陈秀俊在典当街南街口夏家开办七宝女子小学。

民国八年（1919）

4月27日，七宝圣母天主堂隆重举行建堂五十周年“金庆大典”。

民国十三年（1924）

6月25日，《蒲声》创刊。

12月，军阀陈乐山部第四师第七、八旅先后驻扎七宝镇，老街“永兴”“协盛”“亨盛”三大店遭抢掠，镇郊乡村屡遭侵扰。

民国十四年（1925）

“五卅”惨案发生后，三善堂国民小学师生举行反日示威游行。

民国十六年（1927）

7月7日，上海特别市成立。按国民政府规划，七宝地区划属上海市。因地方绅民多持反对态度，实际仍由松江、青浦县控制。

民国十七年（1928）

5月19日，汤成奉命在七宝区开展社会调查。

民国十八年（1929）

秋，七宝地区属松江县第五区，李二白任区长，组织肃清烟赌运动。

是年，七宝圣母天主堂再次扩建。

民国二十一年（1932）

秋，中共七宝支部建立，属中共松（江）金（山）县委领导。

民国二十四年（1935）

镇上开办公共浴室。浴堂街成名。

民国二十五年（1936）

7月，青沪公路通长途汽车。

秋，中共七宝支部重建。

是年，吴家巷镇至七宝镇之间建吴宝公路。

民国二十六年（1937）

春，上海市博物馆从顺泰号椿杉行定制的全套纺织工具在开馆时辟专室展出。

10月5日下午，日军飞机轰炸七宝镇。

10月19日，七宝镇又遭日军飞机轰炸。

11月9日（农历十月初七），七宝镇沦陷。

是年，向东通往漕河泾镇的漕宝公路竣工。

民国二十七年（1938）

春，抗日农民自卫队建立。

是年，淞沪游击纵队第一支队第一大队第三中队活动于七宝地区。

民国二十八年（1939）

6月，日军在七宝地区疯狂扫荡。

民国三十一年（1942）

2月2日，丁关兴在松江县九里亭庄家桥英勇就义。

春，中共莘（庄）七（宝）区委建立。

7月1日，日伪政府实施“清乡”，在漕宝路七号桥设“大检问所”。

民国三十四年（1945）

8月19日，新四军淞沪支队袭击漕宝路七号桥伪军获胜。

民国三十五年（1946）

8月，七宝地区重建中共党支部，郭建春任书记。

10月，漕宝路延伸为上泗路（后称沪松路），辟公交上松长途汽车线。

冬季，董俊明等组建明强小学校友会。

是年，七宝镇由江苏省青浦县（北镇）和江苏省松江县（南镇）划入上海市第三十六区（龙华区）。

驻防七宝的国民党青年军铺石筑路，命名为青年路。

民国三十六年（1947）

9月25日，上海市立七宝农业职业学校正式开学。

10月10日，南洋模范中学七宝分校奠基动工兴建。次年秋季，七宝分校正式上课。

11月，七宝地区建立中共党总支委员会，郭建春任书记，下设三个党支部。

是年，“七宝青年联谊社”建立，编印《明强校友刊》。

1949 年

5 月 15 日，七宝镇宣告解放。七宝镇人民办事处设在三善堂小学内，由徐嘉骝任主任。

5 月 27 日，上海全市解放，避难的居民陆续返回。

5 月 29 日，镇民大会在七宝圣母天主堂内召开。

6 月 19 日，苏南人民行政公署决定七宝镇划回上海市龙华区管辖。

1950 年

年初，废除保甲制，开始民主建政。

3 月初，七宝镇人民政府建立。

4 月 5 日（清明节），七宝镇在南洋模范中学七宝分校操场举行解放军阵亡官兵追悼大会。

6 月，七宝地区各乡、村正式成立人民政权。

11 月 20 日，七宝镇在大寺场举办为期五天的首届城乡物资交流会。

1951 年

2 月，依据《中华人民共和国土地改革法》正式开展土地改革运动。

12 月，七宝地区土地改革运动结束。

历史图像选

明清时期乡保图

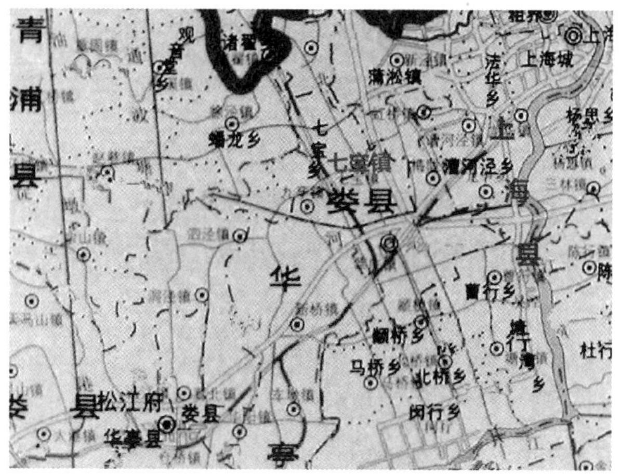

1910 年地图

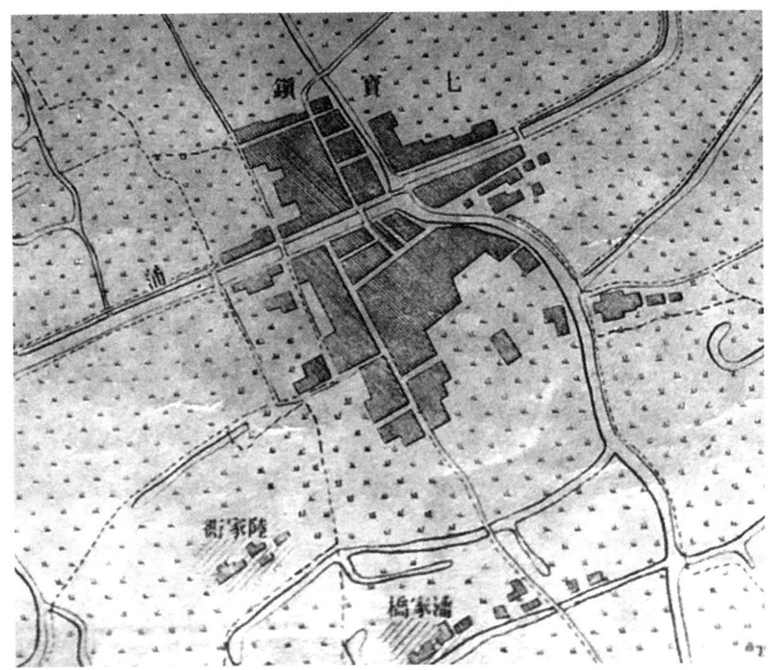

1937 年七宝镇区示意地图

1948 年七宝镇区航拍影像

1979 年七宝地区航拍影像

1982 年七宝镇区

历代碑刻记事选

重修七宝寺大雄宝殿记碑

［王会撰，明万历十八年（1590）］

余里中寺曰七宝，溯其创始之代，邈无稽矣。而口碑藉藉，犹幸存其概，谓肇基于细林，徙建于淞滨。起之香光家祠，故以六宝院称，而更名曰庵。卒之江水啮址，三徙而至于蒲汇之北，历五代至吴越王钱驻跸其中，按释典加以金字莲经，遂隆其名曰“七宝寺”，此寺之所由来。与罗络楼观，绕列僧室，屹然中建者，大雄宝殿也。尝额于宋真宗，修于胜国，焕然重光于昭代，历世绵远，丛林叙九，此其故何哉。为镇无旧名，缘寺命名，寺无他重，因镇推重，以其地襟汇带沥，握三邑之枢；以其胜毓秀钟灵，伟四方之望；往来息节必趋，岁时期报必赴，公私会议必集，朔望钟鼓必闻。以视僻壤梵宫，无关世资者，即丹崖碧潭，足以徼高况，聘壮游，渊哉远矣。夫寺裨官民之益，而殿居一寺之尊，无中殿，是无寺也，可听其圮坏已乎？识者啧啧兴叹。寺僧惠能掾贤豪长者，必欷歔以告，乡镇诸君意气感发，襟期耿耿，枚指而画之。殿像并毁，兼修以千金计，岂易办哉？或分任其责，为当事者先；或厚捐其资，为乐施者倡。遂使遐迩翕然景从，而大功之告成也。不越一载，且也恢之宽衍，益之高壮，轩之前后，而宏杰琦丽。殿非昔之殿也，主之释迦，列入传灯，烂之金彩，而观艳照耀。像非昔之像也，俾人俯仰瞻眺，神爽飞越，称勋绩茂。晚近所难，与仅葺而新之者，不侔矣。然则锡寺之光，增镇之重，而裨益官民者，殆又不可无纪也。诸君请余记之，余曰：“嗟嗟，所称不朽盛事，非耶？”敬为是言，以勒之石云。

万历十八年庚寅孟夏望日

赐进士第、亚中大夫、广东提刑按察司副使致仕王会撰，春元吕铭书

按：王会（1517—1595），字子嘉，号宏宇，更号九霞，明代七宝镇人。嘉靖二十三年（1544）中进士，授工部屯田司主事。官至广东按察司副使，未满四十岁即辞官归乡。万历十三年（1585），里人徐三重（字伯同，号鸿州）筹资重建七宝教寺。万历十八年（1590），王会撰《重修七宝寺大雄宝殿记碑》和《重修七宝教寺记碑》。碑文录自《蒲溪小志》。

重修七宝教寺记碑

［王会撰，明万历十八年（1590）］

寺据七宝蒲汇塘之北，去青浦五十四里，巍然为邑之名刹。闾井棋列于前，梵宇环抱于后，如锦屏幛然。堪舆家谓一镇之形胜，所系于寺甚重，陶朱辐辏，素封之家，栋甍相鳞。章缝题雁，后先种种。迄今名臣大儒，照耀中外，称臣镇焉。说者谓，非寺则绝无锁钥。原其始，肇于晋，徙于唐末、五代，大创于宋之祥符，而址即张泽之故居，为伽蓝于今者也。殿之四隅，则画桥石径，花堤烟柳，而僧人精舍，则隐隐出没于苍松翠竹间。池云萝月，往往游人骚客诗歌琴箫，与晨昏钟鼓交错而迭应。又其外环以流泉，隔以万树，丛阴浓郁，若别是洞天。寺亦一奇观也。

按：万历十八年（1590）王会撰《重修七宝教寺记》。碑文录自嘉庆《松江府志·艺文志》。

灯油记略碑

［徐泮撰，明万历二十五年（1597）］

本镇信民徐泮，有先父敕赠保定左卫经历徐寿，存日念三官大帝荫功庇世，于嘉靖十二年间，发心营建殿宇，绘塑圣像，随点长明灯一盏，昼夜不绝。嗣泮缵绪，言念先德，不敢隳弃，遵行如故，盖六十有余载矣。窃恐灯火无资，后人难继，今愿舍自置本区七图原额田七亩，该租米六

石；又五图原额田一十五亩七分，该租米一十一石七斗六升。通二处，共名田二十二亩七分，共租十七石七斗六升，完粮之外，岁供庙用。尚有余资，供真武神前灯油每月六斤，三茅真君灯油每月二斤，武圣灯油每月二斤，又岁给僧道点灯米一石。年荒量减，余供差使。立碑勒石，永垂不朽。祖创孙承，长守勿替。祈求一念精诚，潜通元造，躬荷胡考之休，代膺昌炽之福。

万历二十五年七月日，保定左卫经历徐泮记

按：徐泮，字文卿，徐寿（1493—1569，字永龄，号鹤田）长子，明代七宝镇人。万历二十五年（1597）七月，看到父亲于嘉靖十二年（1533）资助营建的七宝教寺殿宇内，长明灯火昼夜不绝，已有六十多年了，感到十分欣慰。同时，生怕往后因灯火无资，后人难继，便自愿捐献自家田租，供奉佛灯长明。《灯油记略碑》勒石立七宝教寺内。

七宝寺云台殿记碑

［吴桐撰，明万历三十一年（1603）］

维万历某年某月，金蛇显神，大是灵异。镇居者咸发信心，以为此地当立庙，仓卒间未易兴举，姑构草庵。远近进香者日几千人，人人喜舍己资，为作庙费。方建元帝行宫在前，而云台大殿正度基定位矣，奈嫉忌者梗其事，闻官而止之。大众一片菩提心，因此少怠。虽二三年间，香火不绝，而庙尚未建也。岁癸卯年，吴桐念胜事固难成，亦有倡之者，以生事为恐耳。桐敢效力募众，不畏梗事之人，以求必济。幸赖佛缘而乐舍者众，不半载告成。制度巍然，为本镇东南胜。其周旁垣墙及山门僧室，俟继起者踵成之。桐以一念缘，讵敢恃此以为功德也。第始终有因，当识之以为日后观者知所由来耳。

万历三十一年岁次癸卯腊月，南京应天府上元县倡缘善信吴桐立

按：明万历三十一年（1603）腊月，碑立七宝教寺内。碑文录自清《蒲溪小志》。

华亭县奉宪严禁牙役混派滋扰碑

［清顺治十一年（1654）］

华亭县为恳天遵宪怜役，以苏民困事。据三十五保一区八、九图里排张顺、徐春、骆丰、骆平、骆敬、王美等连名呈称：切顺等本图坐镇七宝，界连三邑，凡属官府过往，雇募夫马迎接，更夫守宿计需索。与在城坊厢不同，催办漕白，尚不能暇，祸遭牙役擅自混派水夫、马草，开濬河渠，粉骨难支。前年特恳天禁，如越例扰民等事词，奔控按院老爷奏批，仰松江府禁饬报。又蒙行票送县勒石永遵。复乞怜念坐镇乡图苦役，给帖勒石永遵，不致奸蠹飞殃混派滋扰等情前来。据此，合行给帖查禁。为此，仰该区图里排张顺等遵照宪禁。嗣后凡本图水夫、马草、开濬等项，牙役毋得仍前混派拘扰。如违处究未便，须至碑者。

顺治十一年十一月十六日，

右帖仰三十五保一区八、九图里排张顺等立石

按：清顺治十一年（1654），碑立于七宝镇南城隍庙内。碑文录自《蒲溪小志》。

宪禁越例扰民永遵恪守记碑

［王庭梅撰，清顺治十二年（1655）］

余少壮之时，身任主事，经营四方。如江、浙、闽、蜀、燕、赵之乡，山川颇异，风俗不同，或土满之国，生长蕃息；或人满之国，毂击肩摩。所谓丰饶康逸者，难以一概。然而美名伤实，莫有过于大江以南也。即如我松赋重役烦，布缕粟米，征呼无歇。况当兵燹之余，民穷财尽，势难支给。华亭乡镇处处皆是，而独我蒲汇尤甚。蒲溪镇名七宝，其地东亘上海，北达练川，西走郡治，不第籍分三邑，而且界割两郡。户口萧条，田亩硗瘠，产其地者，每怀不乐生之想。余家桑梓邱封，世托于兹，以故目击心伤，虑患倍切。止幸开濬、水手、马草、棘刺等项，俱已呈明本府李公祖批帖蠲免外，惟是宪台诸公祖王事靡盬，传驿驻节，往往经此。凡一应纤夫、扛夫及厂夫、驿夫，沿途迎送，俱系该县兵房例有额设

官粮，雇募承值，与乡镇里排毫无干涉，吾闾阎得以休息焉。乃十年来民兴孔亟，羽书星下，盐铁往来，无有宁岁。又掾吏肥壑，越例加额，每发一纸，必硃鲜墨厚；起召人夫，广至五六十名。差隶捧檄先驰，捕官乘势恫喝；行帐马厂，营于瞬息；随索金钱，口称送官常例。或水路长征，更有舡头、水手，挟舆皂而至，鞭殴凌辱，狐假万状；若至暮夜停泊，如支更、守宿，百计需索。督责无所不及，民命伤残极矣。壬晨之岁，直指秦公奉命南下。霜飞聪骤，人望褰帷，凡民间疾苦，积年弊政，皆以蠲除。尤幸郡邑各公祖父母，皆能体秦公之心以为心，奉令惟谨。此贫役倒悬复解之会也。里中父老子弟，呼天相庆，告于余："以为今日之势，非秦使君之恩慈，郡邑两君之夹辅，吾等蚁命，何由得苏。但父母之心无少穷，而狐狯之吏必致易辙，非勒诸碑碣，永垂奕世，何能使往来官长、随从舆台，见此石而愧悔于心乎？夫亦愈知秦公之威，炳如日星；秦公之恩，渥如雨露。此方之民服畴之业者，得以长子孙，而无狼吞虎噬折骸分肉之忧也。岂不快哉！"余闻其言而喜。且以休沐屏居，侧闻前日之苦而今日之乐也。感召伯之棠，吊羊公之石，能无书一字以附不朽乎？故乐其事以为之记。

赐进士第、中奉大夫、两京府尹、前浙江等处承宣布政使、四川等处提刑按察使、兵巡杭严温处建南瑞湖西兼制湖广茶攸郴桂提督三关、整饬井陉兵备兼理驿传马政各直省参政副使、知饶州广信二府、北京刑部尚书郎致仕郡人王庭梅撰

按：王庭梅，字元调，七宝镇人，明万历四十一年（1613）进士。清顺治十二年（1655）四月，碑立于松江府城隍庙内。碑文录自《蒲溪小志》。

松江府奉宪严禁脚夫霸横扰民碑

［清康熙二十二年（1683）］

江南松江府正堂加六级鲁，为松郡第一横害等事，奉江宁巡抚都察院余批：本府详禁脚夫勒索工价缘由，奉批如详行外，合行勒石严禁该地

方脚夫索诈再醮孀妇陋规、逼勒新开店铺贺喜抽丰、抢夺乡民米稻采宝等弊。其脚价工钱，本府计程远近，定价例给。货物十里以内，短雇者，每里给钱五文。五十里外长雇扛挑者，准给钱二百文。交卸后空回，每百里另给酒钱十文，不得再勒。冠婚丧嫁给工钱一百文。迎娶花轿赁钱，华者不得过四百文，朴者不得过二百文。其有随地雇夫承值，不许脚夫分地霸沾。或贫窘无力雇募，有亲丁帮助者，毋许搅阻。庶商民俱安。如仍前肆横索诈扰害者，定行严拿解究，转解本都院按律治罪。各宜永遵。须至碑者。

康熙二十二年二月，新泾司崔达昌立。

按：碑立于七宝教寺内。碑文录自《蒲溪小志》。

松江府永禁地棍恃强为害告示碑

［清康熙四十一年（1702）］

知江南松江府正堂事、扬州清军分府周，为江南民害未除，豪强吞食已尽，公吁宪天，严饬勒碑永禁，以靖地方，以苏民困事。奉总督部院阿批发，本府详奉本部院批发，华亭县亭林镇士民吴士鹏等呈请严禁阻葬、劫孀、聚赌、打降、挜盐等款缘由，奉批如详，勒石永禁，仍不得借以滋扰，察出未便等因。又奉江苏布政司正堂刘批同前事，奉批仰遵督部院批示勒石永禁，仍取碑摹送查缴等因。奉此，除前呈开称阻葬等各恶款，该镇娄界已经定例刊明示禁外，至于青邑地方，例应一体勒禁，合行勒石永禁。为此，示仰府属军、民、人等知悉，嗣后敢有地棍奸徒，故违严禁，恃强为害者，许诸色人等协力擒拿解府，以凭严拿究解有司各宪，按律究拟，断不轻贷。须至碑者。

康熙四十一年三月日

七宝镇士民　戴明之、王友贤、戴茂章、戴星若、陶仪表、戴荀史、马鹤远、李中黄、李采三

六图里圩　王修来、吴晨晖

里保　李季实　立

按：清康熙四十一年（1702）三月，碑立于七宝教寺内。碑文录自《蒲溪小志》《上海碑刻资料选辑》。

徐九龄芗林堂记

杨维桢

松之邑，带江枕海。聚为山者，曰笴、曰薛、曰神、曰小昆、小金。地皆平畴大陆，呀渊疏川。突而高，郁而秀，蟠而居之者，则乔木之林，大姓之所宅也。去邑北五十里，其川为蒲汇，汇北反为小涞岸，小涞有古屋百十楹者，九龄徐氏之居也。去居左一百步，凿池数十亩。池上植松、柏、栝、桧、桂、椒、梅、橘、桃、杏，草则芝、兰、菊、芷、荃、荪、熏、茝。钩连汇列，四时之生香，未尝一日断也。因额其堂曰“芗林”。

予过海上，九龄榻余堂者数夕。临分，出楮笔曰：“先生海上还，嘻笑怒骂，皆成文章，醉墨所及，一草一木有光。于‘芗林’独无言乎?”予曰：“草木之香细矣。因人而馨者，大且远矣哉。栗里五柳以处士香，晋竹林以七贤香，濂溪莲以周茂叔香，罗浮村梅以苏长公香。草木不以物香而以人馨也，信矣！不然，虽梓泽平泉，草木之绮交锦错者，不香也。”吾爱九龄之人品魁垒，操行高茂。尝与论今人出处曰：“今之称豪杰者，弯弧运槊，走戎马间，水出火入，即可苟且取富贵。高者摇颊鼓舌，闳声高议，以惊动所事。自谓陶王铸伯，以邀其所宾。而为士之大庆，不知大忧者在其踵，触罗踏阱，卒自踣踣，而祸及其孥仆，力不能庇，势不能掖。嘻，若是者，懵甚而悖亦滋甚。予不幸多艰险而幸返故庐，与一草一木同花而共实。先人之赐，先生之教也。”予闻其言，韪之曰：“此吾子之德馨也，馨之被于芗林草木者也。”故乐为志“芗林”，并录其语，为学之懵且悖者告也。

按：录自《蒲溪小志》。杨维桢（1296—1370），字廉夫，号铁崖、铁笛道人，元末明初著名文学家。芗林堂位于七宝镇西小涞港，蒲汇塘南岸。徐九龄家族为当地大户人家。

九桥记

徐三重

先大父鹤田公，讳寿，字永龄，华亭七宝里人也。先世居嘉定。始祖讳庄公，赘张氏于七宝，遂籍华亭，生彦升公。彦升公生友月公。友月公生西郊公。西郊公生公。公之生，家里中五世矣。世温饱于耕织，而又无长者。故里中人推"著姓德门"云。西郊公性孤直不能下人。嫉者数乘之，业稍稍落。公始理家事，英资大度，并济弛张。以清白励操行，以勤约聚生计，以明决酬世纷，以敏敬给官府，以公平宽大抚乡闾，以沉退慎密备外务。视微如大，持坦如岖。由是宗党内固，蟊贼外戢，行谊著于亲疏，名声蜚于遐迩。家复渐起，不减前世矣。平生务仁厚，嗜施予，内外亲戚待以举火者数十家，交游故旧绝而复起者无虑百数。即最仇怨者，公结以恩义，更为亲信。前后郡县吏到部，辄知公长者，以父老目公，雅敬公。公虽居田，而乡曲之誉，即缙绅弗加也。年长未举子。公曰："予未德耳。"乃益务行义。四年而生子三，即家府君兄弟三人也。公益自信曰："天不可必乎，予将图所以不朽者。"里界两县，当官民孔道多沟港，为行旅病。公悯然思便之，乃岁课耕作之入，计公私之羡，借而储之。未数年，蓄稍腴，遂购石募工，建九石梁于蒲汇塘北岸。由镇而西，凡二十余里，率为通衢，往来称便。然公志未已，但苦无一旦之力，欲岁岁次第图之，使百里无蹇裳者。而天遽不禄，卒未竟其志，惜哉！三重少时，往来九石梁下，家君指示题刻岁日，语公生前事，泫然久之。且曰："而小子毋忘也。"故谨借其言，而志作桥之事。

按：录自《蒲溪小志》。徐三重（1543—1621），字伯同，号鸿洲，明代七宝镇人。万历五年（1577）进士。祖父徐寿（1493—1569），字永龄，号鹤田，不惜耗尽家财在蒲汇塘上募建九座石桥，严谨治家，门风清正。

七宝安平桥始末记

顾传金

吾镇向有东、西木桥，东则倾圮已久，西亦朽坏有年。丁酉夏，有僧学修、道全、悟昇募建双桥。延至戊戌春，议定以石易木，南镇建康乐桥于西，北镇建安平桥于东，其桥名即现任少府周公名浩题也。然原西桥之由成，虽有何君若愚竭财力以创善，而殷实者过为思虑，几至难成。赖前任青邑县丞武公之长君号桂圃者，籍隶顺天，暂居娄界，毅然独任其事。半载之间，聿观厥成焉。至我东桥之建，局设寒斋，名虽总理，而实则杨君荀芗之力居多。以余才拙家善，何堪胜任。使非当时杨君力为劝勉，何由告厥成功。第经营之始，先有李桂堂诸公于丁酉秋起创行捐，任劳任怨，集成百有余金，功非浅鲜。去夏，有李吟渔、陆观吾保石工吕凤祥、唐秋岩，张凤九保石工徐功山，来定承揽，各半分建。吕则就南，徐则就北。五月二十七日开工，十二月三日上桥面，至除夕毕工。共用制钱八百四十千八百七十文。其间共相经理者，有冯枝茂、杨进等二十八人。劝募乡捐者，有各图乐善诸君。解囊慨助者，幸有乡镇各捐户。凡我同人，或甘跋涉于炎天，或任奔驰于冬日，或监工而不胜其瘁，或握管而不惮其烦。至于始终如一、辛苦备尝者，惟顾惠沾、周绿波、朱湘舟三人而已。今日者虹腰高耸，雁齿平铺，俯临清水绿波，怡然自得；遥望朱栏白石，蔚然可观。既足增一镇之辉，益以启万人之便，有不共乐斯桥之成者哉！然人但知桥成之乐，而不知桥成之难；人知桥成为愚父子之功，而不知皆二十余人之力也。故余详其始末而为之记。

道光十有九年，岁在己亥春正月上元节日，愚溪氏顾传金敬识，时年六十有七。

七宝镇民请永留拦潮大坝之禀词

禀词：具禀华、娄、青职举生监李松、何朝绅、唐嘉宝、骆芬、冯光镐、杨国瑞、刘锡堂、马逢伯、马逢皋、张聚星、朱纮、朱柄枢、唐均国、冯枝茂、程宗茂、李锡昌、李锡第、顾传金、程大楷、秦凤洲、陆思登、周曙华、何丕显、王怀德、朱纪昌、徐行、程大枬、汪云鹏、杨国珍、张寿椿，禀为环求留坝，并恳立碑，以杜旁议，而垂永久事。窃蒲汇塘向例五年一浚，旋开旋塞，其故皆由挑浚以后，即将塘口拦潮大坝开去，浑水内灌，日积泥沙，不一二年仍如平陆。今蒙大宪大人念切民瘼，兴修水利，奏请开挑。派委上邑黄廉总理其事，并将华、娄、青河段勘令上海绅富一力捐挑。更蒙上廉日逐查工，不辞劳瘁，所兴董事亦属勤能，得以全河一律深通，较之历届工程，殊为畅达。此皆大宪大人委任得宜，俾我子民不劳不费，获利靡穷。爱戴恩忱，惟有额手胪欢、望光顶颂。窃查塘口大坝现未开启，松等前经匍匐上邑衙门，环请求详在案，犹恐大坝存留之后，或有好事之徒，以为泄水难通，行舟有碍，借口异议，亦未可知。松等熟察情形，谨将永留大坝，有益无碍之处，渎陈宪听。盖蒲汇塘久已淤如平陆，如必借以分泄，则未开以前水从何泄，此其无碍一也。南有黄浦，可泄西南诸水，北有吴淞江，可泄西北诸水，此其无碍二也。而其间又疏八十余年壅塞之肇嘉浜，又复疏新泾及李漎泾等河，相为流通，则蒲汇西来之水，仍可由肇浜等迤东而达，此其无碍三也。至往来舟楫，凡泄水可通之处，即行舟可达之区，其为无碍，更不待言。总之，前次兴挑，不敢议及留坝者，诚以肇浜诸河未浚，未便率请。今肇浜等均已各开通疏，水有去路，此坝一留，则通塞皆宜，与情悉洽。无五年一浚之劳，有百年永久之赖，是诚因时制宜、地方尽善之举。为丞环求大宪大人俯准下情，恩赐饬县立碑，永杜旁议，利垂久远，万民衔感。上呈。

道光十六年五月二十四日呈

二十五日禀

林则徐批文

钦命兵部侍郎、都察院右副都御史、江苏巡抚部院加三级林批示：

此次挑浚蒲汇塘、肇家浜、新泾、李漎泾等河，本部院亲临阅视，逐段验量，均已一律深通。华、娄、青、上四邑咸资利赖。上海黄令倡捐筹办，各绅董皆能踊跃从事，经理得宜，深堪嘉尚。兹据该四邑绅董佥名具禀，以该河前次旋挑旋淤之故，皆因挑工甫浚，即将塘口拦潮大坝开去，浑水内灌，致积泥沙，不一二年，仍如平陆。此次大坝未启，请留坝立案等情。查龙华港通达浦江，其潮沙灌入河内，最易淤垫。虽各河本有五年一浚之例，而道光八年酌挑之后，连遭荒歉，未克兴工，总因经费浩繁，集资大为不易。此次大加开浚，倍见深通，若复潮汐往来，不久仍然淤废，实堪深惜。据请永留拦潮大坝，系为因地制宜、有利无害之计。且蒲、肇、新、李四泾，互相贯注，以达吴淞。即吴淞注浦达海，西来之水不至壅遏，而更可併力以助吴淞。即行舟稍有绕越，亦不甚远。权其利害轻重，自应俯如所请，将龙华港大坝常留不放，以绝浑潮。此外，隔境人民或有异议，应由各地方官剀切开导，俾无偏执。仰苏松太道即速转饬上海县立案遵办。务垂永久，以重水利，而顺舆情。仍将办理缘由通详查考。毋忽。

按：录自《蒲溪小志》。

后　记

古镇七宝已有千年建镇史，历史人文资源十分丰富，是上海城郊具有代表性的历史城镇，如今又是上海地区颇具特色的旅游景区，但是至今没有研究其社会发展史的专著。《七宝史话》依托大量历史文献记载，按照社会历史发展脉络，具体描述古镇的历史风情，又以“江南韵”“海派味”“风云录”三个篇章，展示不同历史阶段的重要的人、事、物，凸显古镇江南文化、海派文化、红色文化的独特风采。

莫以为江南古镇大同小异，其实千姿百态，各领风骚。古镇七宝“镇无旧名，缘寺命名，寺无他重，因镇推重”，七宝教寺兴于北宋大中祥符元年（1008），因此号称“千年古镇”。而七宝老街南北贯通的形制格局是在明正德十三年（1518）建成蒲汇塘桥之后形成的，即五百年前。七宝镇区长期一镇三治，五方杂处，紧贴都市，多元融合。上海开埠之后，这里经历了土洋碰撞，自成一体，汇聚成一大特色，那就是“海派”。因此，七宝的古镇文化可称是海派文化的“沪郊版”。

“一方水土养一方人”，古镇七宝与众不同，脱颖而出，令人关注。一部史话，如实地叙述了这里的千年风情，而其中的内涵还有待人们细细品味和评说。

张明清

2020年9月

上海闵行地方文史丛书

（闵行区文化发展专项资金资助项目）

第二辑

《浦江史话》
《吴泾史话》
《马桥史话》
《颛桥、莘庄工业区史话》
《梅陇、古美史话》
《莘庄史话》
《七宝史话》
《虹桥史话》
《华漕、新虹史话》
《江川史话》
《浦锦史话》

第一辑

《闵行秀·老屋大观》
《闵行秀·古迹寻踪》
《闵行秀·乡土墨客》
《上海闵行英烈》
《上海闵行红色地图》
《百年沪闵路》（修订本）
《海派乡土文化》（修订本）
《20世纪上海乡土图像》
《上海闵行历代著姓望族》
《上海闵行地方古籍提要》